AF591561

DE

LA DOULEUR.

LYON.	ALLARD, Port-du-Roi, 51.
	SAVY, place Bellecour, 14.
PARIS.	PAULIN, rue Richelieu.
	MAISON, quai des Augustins, 29.
BERLIN.	MITLER.
GENÈVE.	CHERBULLIEZ.

Lyon. — Imprimerie de L. Boitel, quai St-Antoine, 36.

DE LA

DOULEUR

PAR

B. SAINT-BONNET.

Précédé

DES TEMPS PRÉSENTS.

LYON.	PARIS.	LEIPZIG.
GIBERTON ET BRUN	LANGLOIS,	MICHELSEN,
rue Mercière, 7.	rue de la Harpe, 81.	libraire.

1849.

AVANT-PROPOS.

Ce livre s'adresse à quelques ames de nos jours, restées dans l'affliction. Extrait d'un plus grand ouvrage, il se publie pour les raisons que je dirai.

Le Christianisme amène ce fait remarquable, qu'une multitude d'âmes déjà formées pour le Ciel ont encore à écouler toute une vie sur la terre. La vertu a créé des races ; et les cœurs venus sur les tiges de ces nobles générations ouvrent leur calice avec extase à la vie, pour recevoir la rosée amère des pleurs. L'être bon a compris jusqu'au fond la parole de l'amour, et quand la vie la lui retire, la blessure ne sait plus se refermer.

L'étendue même de la conscience, l'accroissement de notre cœur, la grandeur de l'imagination, la perspective des joies infinies, enfin cette aptitude à l'émotion qui accroît en quelque sorte notre être, tout concourt aujourd'hui à jeter des âmes riches, tendres, merveilleuses, au milieu d'une existence amère et désenchantée. Il est une fleur de l'amour qui ne doit pas toute éclore en la vie ; quand la branche a verdi sur le haut, on ne sait plus où l'abriter des vents de la terre.

Les âmes ont pris des proportions qu'elles n'avaient pas dans l'antiquité. Cette sorte de douleur qui leur est ordinaire, ce que nos temps ont appelé mélancolie, est un sentiment dont les anciens ont ignoré même le nom. Il suit aujourd'hui les pas de toute grande faculté. Comparez l'âme de René à celle des héros d'Homère. Les anciens se contentaient de la nature ; que dirons-nous au moderne, chez qui le sentiment de l'infini s'est ouvert ?

D'une part, l'amour est trop sensible pour ne pas tenir le cœur exposé aux blessures dans l'ordre entier des affections. De l'autre, la conscience est trop profonde pour s'enfermer paisiblement dans la pratique de chaque jour. Exaltations généreuses, amours irrassasiés, enthousiasmes inapplicables, excepté par la patience, tout s'apprête à nous dévorer comme une proie intérieure. L'homme se trouve à la fois chargé des mystères de sa conscience et du poids de son cœur. Le temps, qui sait tant de choses, ne l'a point relevé de son éternelle inquiétude !

J'ai craint que beaucoup d'âmes ne prissent en haine leur destinée ; j'ai voulu de nouveau expliquer la vie.

M. de Châteaubriand faisait déjà cette remarque en 1802, lorsqu'il publia pour la première fois *René* : « Les persécutions qu'éprouvérent les premiers fidèles augmentèrent en eux le dégoût des choses de la vie. L'invasion des Barbares y mit le comble, et l'esprit humain en reçut une impression de tristesse qui ne s'est jamais bien effacée. De toute part s'élevèrent des couvents, où se retirèrent des malheureux trompés par le monde, et des âmes qui aimaient mieux ignorer certains sentiments de la vie que de les voir cruellement trahis. Mais, de nos jours, quand les monastères, ou la vertu qui y conduit, ont manqué à ces âmes ardentes, elles se sont trouvées étrangères au milieu des hommes. »

Il faudrait constater maintenant un autre fait. Avec le temps, les pensées saintes ont peu-à-peu coulé du cœur ; le parfum s'est répandu au dehors. Toutes ces âmes délicates qui s'abritaient dans les cloîtres, plus nombreuses aujourd'hui, sont appelées dans le monde pour remplacer décidément l'antiquité. L'Évangile n'est plus obligé de retirer ses fleurs sous ses serres. Il a, je crois, suffisamment ennobli les mœurs et effacé le paganisme sur les fronts pour qu'on puisse mener parmi nous une vie éclairée d'en haut et toute consacrée à l'âme. Le cœur, au besoin, rencontrera assez de sacrifices à faire; la volonté, assez d'obstacles à surmonter ! L'homme entrera dans le monde pour multiplier l'abnégation. Ah ! nulle part on ne guérit du mal de la vie... qu'en épousant la charité.

Les temps appellent une explication.

Le flot a porté ces âmes sur nos rivages, et la paix n'est point venue sur leurs pas. Mais quel moment, depuis un siècle, pour aborder le monde ! La personnalité a pris l'avance sur le cœur ; les hommes demandent à être admirés, fort peu désirent être aimés. L'homme a voulu voir ; il est descendu dans sa nuit, et la lampe a chassé devant lui le mystère, où il aimait à cacher son éternelle infortune. Toute blessure a surpris l'âme à découvert. L'esprit humain avançait, la douleur faisait la conquête. Dans cette battue générale le vice est parti au dehors. Sur leur aspect les cœurs se prennent d'amour, les faits viennent le détruire. La vue du mal a fait baisser bien des paupières, on a souffert des *austérités* de la vie, et l'on s'est retiré en soi pour renvoyer son mépris sur un monde odieux. Cependant le vrai couduit aux grandes actions! Il faut que celui qui s'affaisse ait porté le pied dans l'erreur. *On ne hait les hommes et la vie que faute de voir assez loin...*

Je veux cependant l'avouer, il y a des états sans compensations sur la terre : l'homme ne voit plus la sainte échelle qu'il gravit. Il est des douleurs dont la piété même se trouble, et qui laissent la charité interdite. Et pour tout dire, la lumière a envahi les consciences beaucoup plus qu'il ne le faudrait pour ne pas souffrir de l'absence des douceurs de la Grâce. Enfin le Christianisme a fait descendre sa fraîcheur au sein des classes où le travail s'appesantit de toute la force de sa loi. Il importe de leur expliquer maintenant le but divin du Travail, de cet héroïque effort que l'homme tente chaque jour pour s'élever dans l'existence supérieure.

La terre n'offre pas de compensations aux souffrances de l'âme. La douleur ne peut tirer sa consolation que de l'infini. Si nous avions positivement connaissance de ce qui se passe à notre égard dans l'autre monde lorsque nous combattons dans la vie, nous serions saisis d'une extase qui fondrait tout mérite en nous. Mais il faut en savoir quelque chose quand l'esprit s'est fait plus grand que le cœur, de crainte que le désespoir ne s'ouvre sous lui. C'est parce qu'elle pourrait devenir le seul fruit du travail de plusieurs, que j'ai ressenti la nécessité aujourd'hui d'expliquer la Douleur.

Il ne faut pas présumer trop du sens que j'ai enfermé dans ce livre. Ensuite il faut juger d'un livre comme d'une nourriture. Si le mien, Lecteur, ne te donne point de force et complique ta tristesse, quitte-le. Seulement s'il ouvre un passage à ton âme, prends-le et monte de toi-même où ne sut point aller l'auteur. Ce livre n'est point pour les saints;

mais bien plutôt pour ceux qui, tout aussi troublés que moi, auraient grand besoin de l'être. Sinon tu aurais vu qu'au lieu de venir sous ce titre : DE LA DOULEUR, il aurait porté cet autre : DE LA PÉNITENCE.

La douleur qui n'est pas du corps naît de la tristesse intérieure. La tristesse est le mécontentement qu'éprouve l'âme du mal qui est en elle. De là une sainte tristesse suit les bons, et monte comme leur propre avancement. Mais lorsque la douleur couvre tout, il faut compter que les trois quarts en reposent sur le moi. On ne souffre pas où l'on n'est point... Ceci doit être un grand avertissement sur ce qui reste à faire en notre âme.

J'ai surtout voulu établir la notion de la personnalité vis-à-vis de l'infini. Ce qui n'empêche point que le faîte de la perfection ne soit d'en faire l'abdication. La sainteté n'est que le don de la personnalité. Mais la personnalité est la question préliminaire de la sainteté : il faut être pour se donner ! Il est vrai que la vertu, par laquelle la personnalité se forme, n'est déjà que le propre pas de l'amour.

Les hommes en ce moment ne visent plus à la sainteté ; c'est parce qu'ils ne sont plus suffisamment persuadés de la sublimité de l'existence. On a perdu de vue les proportions entre l'âme et l'infini. Le 18e siècle a obscurci trop de choses à la fois. La sainteté consiste à donner à mesure notre âme à Dieu. Le sens de notre grandeur s'est trop affaibli pour croire l'infini tout entier à une pareille entreprise. Enfin, on ne voit plus comment la vie conduit elle-même l'opération.

J'ai tenu le côté de la noblesse de l'homme, ô Lecteur, ne t'en prends pas à mes paroles sans redoubler d'humilité.

Les âmes qui se croiraient plus grandes parce qu'elles portent plus de douleur, ne le peuvent vraiment savoir qu'a leur plus grande soumission. Dieu ne regarde pas à la dignité de nos vertus, mais à la tendresse de modestie avec laquelle on les exerce. Telles choses sont très-louables en la sagesse d'honnêteté parmi les hommes, qui sont néanmoins blâmables selon la rigueur des lois de la perfection. Il ne faut jamais prendre le nom de la vertu que nous portons, mais voir avec quelle volonté de patience et avec quel cœur de bonté nous la portons. Aucune de nos qualités n'a de place au Ciel, que celle que lui assigne l'humilité.

Ce Traité fait pour le temps va paraître en des jours sur lesquels il n'y a plus à se taire. La douleur du dedans occupera toujours ses mêmes sources en nos âmes ; mais la douleur du dehors amoncelle de si gros nuages qu'il faut retrouver nos sentiers sur la terre. La Douleur ! je crains que ce mot ne renferme l'énigme des temps présents.

J'en chercherai les traces dans les faits économiques ; en les suivant, on verra à quelles causes ils remontent... et ce livre pour quelques-uns s'adresse aujourd'hui à la France....

DES TEMPS PRÉSENTS.

I.

Le problème économique est dans le problème infini.

Partout les hommes ont parlé de jouir. Ne rêvant plus aux biens du Ciel, on chercha des biens sur la terre.

Un ordre nouveau se présente; ne croyez pas que la douleur va s'affaiblir. L'âme s'accroît, la sensibilité augmente. Plus près du Ciel, l'homme doit s'y présenter plus grand !

L'existence en dehors de Dieu s'explique par la liberté ; la liberté, par la douleur. L'homme vient de sa force ; il est le fils de l'obstacle.

Retirer la douleur, ce serait retirer la création elle-même. Qui n'a pénétré la signification de trois mots qui ont six mille ans : la faim, le travail, la mort ! *Les premiers chapitres de la Genèse subsistent toujours.*

L'effort est là. La nature, toujours présente, au besoin nous le dira. Et le combat qu'elle a offert qu'est-il à côté du combat donné dans l'âme pour la conquête de l'infini. L'homme n'est ni ange ni Dieu ; plus grand peut-être que le premier, il ignore jusqu'à quelle ressemblance il doit arriver du second.

En dehors de l'absolu, il n'y a que la liberté. Bien qu'elle ait eu commencement, elle repose sur la grande loi ; elle sera par elle-même. Sa première mise de fonds lui est retirée tous les jours, afin que son moi lui soit propre.

La liberté est l'enfant de la douleur : le bonheur est pour la substance faite (1). Cette idée éclatera visiblement dans l'Epoque qui commence. Elle sortira comme la voix de tous les faits, et restera comme la loi qui est sous les événements. Ces mots *douleur*, *liberté*, vont se mettre à décomposer eux-mêmes le sens de ce mot TRAVAIL, sorti déjà de la bouche du genre humain.

L'avenir ne sera point comme on l'entend. L'homme n'est pas entreposé sur la terre pour jouir, mais pour grandir. L'absolu nous a envoyé la substance ; d'éternelles lois s'accomplissent ici-bas.

Cette révolution politique est peu ; mais elle porte dans ses plis un fait économique immense : le christianisme non plus caché au fond des cœurs, mais sur les lois et dans les mœurs, le christianisme dans le travail et dans les œuvres de la vie. La production et la consommation deviendront un mode chrétien. Car aucune des deux n'est le but. Ici, tout n'est que moyen pour préparer des citoyens à l'Infini.

Le Globe fournira quelques richesses de plus ; jamais dans la proportion des besoins. La répartition réelle ne fera pas ce qu'on attend. Elle satisfera moins les intérêts que la justice et ce sentiment d'équité maintenant au fond de nos

(1) « Le Christ n'a pas été une seule heure dans sa vie sans souffrir de la Douleur : s'il y avait un moyen meilleur pour l'homme, Dieu nous l'aurait sans doute appris. »

IMITATION DE J. C.

âmes. Au reste la population, croissant selon les subsistances, viendra éternellement se presser vers leurs limites extrêmes. Toujours on verra la misère : elle ne sera limitée que par la vertu.

Les hommes ne doivent pas s'associer pour plus produire, en vue de plus consommer, mais en vue de plus s'aimer. L'union des cœurs demande celle des bras. Et quand l'amour sera en eux, ils comprendront le grand mystère de la liberté et de la fraternité pour la vie éternelle. Dieu attend ce jour pour voir la marée de la foule monter vers lui.

On n'emprunte pas au christianisme que ces mots... surtout pour les interpréter avec l'esprit du paganisme ! Par ce faux l'humanité est attaquée. L'homme n'est pas mis en ce monde pour satisfaire ses besoins, mais pour croître par les efforts qu'ils réveillent en son âme. Car c'est ainsi qu'il s'élève dans l'être. Triste façon de former l'homme que de le tourner du côté opposé à la sainteté !

L'Economique entière reviendra sur ses pas pour cette vérité méconnue :

Le travail ne fut point fait pour les besoins, autrement Dieu ne les eût pas créés, mais les besoins furent faits pour le travail. Le travail, au reste, est la préparation indispensable pour que la richesse ne soit pas un grand mal (1).

Ecole payenne, que pensais-tu? Le plaisir n'est pas offert pour y céder ; mais pour y résister, et par ce moyen devenir libre.

(1) La richesse acquise par le travail moralise ; acquise par le vol ou l'oisiveté elle corrompt. Au fait, il n'y a de prodigue que celui qui n'a rien. Par l'art admirable de la création, la satisfaction du besoin a pour condition l'activité, c'est-à-dire le développement de l'homme. En sorte que sa moralité se forme en même temps que sa richesse : en sorte qu'il ne peut avancer d'un pas sur la terre qu'il ne l'ait fait dans le Ciel.

II.

L'unique malheur de ce temps est qu'on ait redit à l'homme qu'il était ici pour jouir. Cette dune fatale que le gravier antique nous a jeté en travers fera buter l'avénement que le christianisme préparait pour nos jours... Mais les révolutions conduiront la mer sur ces sables. Elles effacent toujours les races qui empêchent l'humanité de traverser.

Alors, combien de temps pour reprendre la notion supérieure que l'Evangile avait mis tant de soins à fonder? Juste le temps que cette révolution durera. Combien durera-t-elle? Juste le temps que ceux qui ont compris la liberté en mettront à comprendre la Foi!

La religion, qui porte la loi de Dieu, la liberté, qui l'accomplit, ont été divisées. De sorte que la liberté veut ne s'appliquer qu'à la terre; de sorte que la religion ne serait plus que pour le Ciel. Le premier usage que l'homme fit de la liberté fut de la prendre pour lui. L'orgueil fit comme au jour d'Adam!

Les hommes ne montrèrent point la générosité de Dieu; quand ils séparèrent la religion et la liberté, ce fut pour ôter l'une ou l'autre. Si l'homme savait qu'il a fendu sa propre pensée et mis en deux sa puissance! Aujourd'hui, ceux qui admettent les conséquences ne veulent plus admettre les principes; ceux qui possèdent les principes ne veulent pas admettre les conséquences. Le grand obstacle est là.

La calamité de ce siècle est dans le schisme de la nature humaine.

Aussi les économistes n'ont étudié la société que dans son

rapport avec ce monde, qu'elle doit traverser; ils ne l'ont point considérée dans son rapport avec l'infini, où elle doit mener les âmes. On a cherché sans cesse la fonction de la société dans le temps, sans songer à son but au-delà du temps. La société n'étant que pour recueillir le genre humain et le conduire à Dieu, le temps n'a pas répondu.

Il ne possède point la loi celui qui ne l'a vue que par bout, à son extrémité sur le fini. La loi s'élance dans la création entière. La richesse, puisque votre pensée butte là, repose sur le travail, le travail sur le capital, le capital sur la vertu, et la vertu sur la Foi. On ne peut faire d'économie politique pour la terre.

Suscitez beaucoup de systèmes, le fait est ce que je viens de dire. A moins que vous ne repreniez l'escalier antique : la richesse par le travail, le travail par le capital, et le capital par l'esclavage...

L'individu a subi le sort de la pensée actuelle. Chrétien, il a voulu jouir en payen ; payen, il a voulu être traité en chrétien. L'un demandant le luxe, sans réfléchir qu'on ne peut convertir en or le pain de l'homme sans l'apauvrir ; l'autre voulant être en tout égal et frère sans songer qu'il faut remonter à ce Père qui est aux Cieux. On ne peut être chrétien et jouir ; on ne peut être libre et sans foi. Les bénéfices du christianisme ne sauraient être recueillis pour les festins impurs.

III.

Le luxe est le paganisme de nos jours. Il s'est reproduit sur ses deux faces, l'esclavage et l'impiété. S'il a frappé le corps de celui qui le produisait, il n'a épargné ni corps ni âme dans celui qui en usait. La vanité a disputé l'homme à son Dieu, et le vice a disputé l'âme à l'homme! Certes, l'arbre antique fut parfaitement transplanté; et le beau fruit économique a reparu sur toute l'étendue des branches...

Le luxe sur un point de la société a eu pour contre-coup le communisme à l'autre bout. Dès l'instant qu'on ne traverse cette terre que pour la vanité et le plaisir, il est juste que chacun en tire sa part. Votre morale ne demandait qu'à s'étendre! Aristocrates et Communistes, reconnaissez-vous enfin : de part et d'autre est le principe de jouir! La fortune se tenant toute d'un côté, et la misère toute de l'autre, il est simple qu'on procède à l'écoulement qui rétablira le niveau!

Il faudrait prendre, sans doute, mille ménagements sur ce qu'il est à-propos de dire à une *époque où tant d'hommes ont un tact si fin sur ce qu'il est à-propos de penser*?.. Peut-être faudrait-il encore pratiquer du mensonge pour mieux nous sauver de l'erreur, prodiguer les petits soins au mal de crainte de toucher au bien? Déjà vous avez sur ce point consulté les prudents? Eh bien, ce sera le sage parti que vous continuerez de prendre ; laissez-moi la sottise de ma simple question :

Sont-ce les ouvriers des campagnes, produisant le pain, la laine et le vin, qui vous menacent en ce jour; ou bien les ouvriers des villes, que vous avez appelés à produire tous les objets de votre luxe?

Vous avez arraché les bras à la terre, ils se retourneront contre vous!

Ce n'est pas le cultivateur qui fait ces révolutions. L'homme qui tient suspendu sur vos têtes le glaive du désordre, est celui que vos besoins ont enlevé à la destinée que lui avait faite Dieu, pour venir fondre comme une cire dans vos cités, en produisant pour vos plaisirs. Car voilà que le luxe a pourri maintenant et la classe qui le consomme et la classe qui le rapporte ; voilà que le peuple est tout semblable à vous ! En seriez-vous irrités ?

IV.

Il faut bien qu'on vous le dise. De trois hommes produisant le pain, le vêtement et le toit de l'homme, le luxe en a usurpé un. La vanité et la sensualité ont prélevé sur le pain et sur le sang ; ils ont prélevé sur le genre humain cette fleur du produit qui fut rentrée au capital d'où devait sortir l'avenir. Et comme l'homme adore ce qui est de ses mains, il appela son impiété du doux nom de luxe. Puis il a dit à la foule : Il t'enrichit...

Je veux que vous connaissiez le grand canal de vos maux. Après, nous en verrons la source.

C'est le luxe qui enrichit le peuple ? Les Juifs ont donc prêché chez nous ! Le capital et le travail employés à le produire donnent-ils des fruits à la terre ? Sachez-le : l'homme n'est point pauvre pour manquer d'objets somptueux, mais pour manquer de pain, de laine et d'un toit. Ils ont pensé que les nations devaient être riches à la manière d'un homme de luxe. Où ont-ils puisé cette science ; dans la sagesse, dans les faits ? Ils l'ont puisé dans leur cœur.

Encore si tant de luxe, trempé de pleurs, avait conduit sa sève dans la branche de l'art ! si tant de pain s'était converti en pensée, et tant de sang en vertu, pour élever l'esprit de l'homme ! Mais on vit des femmes baptisées porter plus de richesse sur elles que n'en avait tout un temple de Dieu ; et des hommes dont l'orgueil a mis sur le front plus de vices que l'âme n'a reçu de dons !

Tout prospérait de la sorte. Les sciences de leurs côtés accouraient ; on allait obtenir de la matière tout ce qu'elle pouvait donner. L'esprit avait enfin compris le parti que les sens devaient tirer de la terre. A l'homme nouveau, il faut bien une morale nouvelle, une religion nouvelle, enfin, pour être franc, un Dieu nouveau. Tout était prêt, les canaux de la richesse achevés, les réservoirs de l'opulence ouverts, Dieu a sa place, les lois parfaitement repassées, on dit à la société : Vas ! La société n'a pu faire un pas de plus...

L'homme a cru bâtir sa tour sur la terre ; il a cru se faire un rempart dans ses lois. Mais voilà que la terre n'a connu que les siennes, et les faits n'ont point reçu le nouveau Roi !

Franchissez les lois de l'esprit, vous ne franchirez pas celles du monde. Si l'homme ne peut sortir du Globe, la société ne peut sortir des lois qu'il lui fait. Dieu n'a pas fondé un ordre physique d'où l'ordre moral s'échapperait ! Dieu n'a pas pu donner le christianisme pour loi à la terre et cacher dans son sol des ressources pour l'esquiver ! Vous pensiez ouvrir les portes à une ère nouvelle, et vous avez donné l'heure où la civilisation va battre en retraite sur un demi-siècle de chemin...

V.

La société rencontrera un empêchement dans chacun de nos vices. Il faudra en détruire un quand on voudra marcher d'un pas. Avant de changer vos gouvernements, il fallait vous changer vous-même ; la révolution serait faite. La société n'a rien à attendre des pouvoirs ; qu'elle ne compte que sur elle. La loi ne décrète pas la vertu ; et quand cette dernière est loin, le décret reste sans arme. La Religion entre seule dans le cœur pour en faire sortir la volonté.

La République, c'est la forme naturelle d'une société de chrétiens. Le temps va dire qui nous sommes... On n'a pas le gouvernement qu'on veut ; on a celui que l'on mérite. Si vous restez dans votre mal, vous passerez au despotisme ; si vous voulez la corruption, vous marcherez encore plus loin... Les lois de la morale et de l'histoire restent aussi inflexibles que les lois de la nature.

La République, au fond, n'est qu'une diminution d'autorité. Cette diminution ne saurait avoir lieu d'un côté, s'il n'y a de l'autre une augmentation de vertu. La liberté n'est que le droit de pouvoir faire plus de bien. Faites en celui d'exécuter plus de mal, et la loi qui conserve le monde, reprenant la forme du sabre, viendra de nouveau courber la personnalité. Le pouvoir n'est qu'une barrière promenée devant le mal.

Détruisons en nous tous les effets de la chûte, et la Force, née de la chûte, en proportion disparaîtra. Rallumons-les, la force rentrera sur la terre.

Ce n'est pas des maux de la Révolution que nous aurons à souffrir, mais de ceux qui l'ont amenée. Tout pliait sous le paganisme, et la croissance de dix-huit siècles de christianisme s'arrêtait. Quand les hommes perdent de vue les nécessités morales, Dieu fait sortir la lumière des nécessités d'un autre ordre... Veillez ceci : si la foi n'est plus enseignée par l'oreille, elle sera enseignée par la faim.

Le jour est venu. L'homme qui lança le mauvais exemple a aiguisé un poignard contre lui. Les barbares ne sont pas à nos portes, mais au-dedans, ceux que dix-huit siecles de christianisme n'ont pu arracher à votre vieille souche du Monde. Le mal a donné le jour à l'homme. Nos vices ont partagé notre société ; ils ont mis deux civilisations l'une dans l'autre. L'ennemi n'est plus en Terre-Sainte. Position unique dans l'histoire ! la civilisation ouvrira ses propres flancs pour donner la bataille.

Le christianisme constituera la société moderne,ou la fera voler en éclat. Prenez, si vous voulez, vos mesures !

Au fond nous ne nous battons que contre l'antiquité. Les faux dieux ont été détruits, il faut qu'ils sortent de nos cœurs... Toute pensée contraire est perdue, tout effort ailleurs contre vous. La société ne s'établira qu'à la place du Monde ; que cela favorise ou non les mouvements de la rente !

Les faits économiques, avant peu, mettront les vérités à nu. La loi aura tout reconnu, tout consacré et tout administré, les moyens humains seront employés : arrivé au bout des causes secondes, le fait lui-même butera contre la cause première ! Ce ne sera plus la doctrine élevée qui parlera, ce ne sera plus la conscience inécoutée qui criera, la société sera là, son peuple debout ! Une pensée peut attendre, la vie ne patiente pas. Alors les faits parleront leur grande voix. La Religion descendra de la parole ; elle entrera dans le pain que nous mangeons, dans le sang dont nous vivons. La lumière sera le feu ! les hommes se verront entre la vérité et la mort... auront-ils l'esprit de choisir ?

VI.

Que la France, que l'Europe roulent sur une pente inconnue, c'est ce qu'on ne peut plus nier. Lois, mœurs, religion se précipitent. Quand on marche de la sorte il faut savoir par quel esprit on est porté. C'est bien qu'un siècle pousse l'autre, mais qu'il ne le renverse pas !

De quelque manière qu'on le regarde, le 18e siècle n'a été qu'une réaction de l'esprit de l'homme contre l'esprit du christianisme. Il fut une réapparition de l'antiquité dans les idées et dans les lois, comme venait de l'être la Renaissance dans les arts et dans les mœurs. Ce n'est plus le moment de dire quels instincts vrais de la nature humaine ont pu conduire sur les peuples modernes cette lourde nuée de l'erreur; il faut dégager la société du triste déblai qui l'encombre. Qu'il a donc coûté à Dieu pour que l'homme prît conscience de lui-même! Quoiqu'il en soit, je sais le total de sa jeune sagesse : il a voulu tout édifier en ce monde du point de vue humain.

Vous avez prétendu construire la société; et voilà que vous avez détruit l'homme.

Dès qu'il n'est plus au sein des âmes une Vérité souveraine et universelle, produisant des croyances communes, d'où dérivent des devoirs communs : mais, au contraire, des opinions individuelles relevant de la souveraineté de chacun, il ne saurait exister aucune société de droit parmi les esprits. La société civile vit dans ses lois; ses lois vivent dans ses mœurs ; ses mœurs vivent dans ses croyances. Où se tiennent les vôtres ?

« Or, la société civile, a dit l'homme qui a jeté le regard « le plus profond de l'époque depuis Napoléon (1), repose « sur la société spirituelle; en détruisant la société spirituelle, « on détruit aussi la société civile. » Les nations n'ont pas d'autre sol que les âmes. Quand l'homme pour unique fondement du vrai est réduit au jugement privé, à l'instinct encore plus particulier des passions, il s'arrache de la réalité, il se détache du genre humain, il sort de la civilisation. Ne vous plaignez donc plus s'il demande lui-même à grands cris un pouvoir libre comme lui de toute loi divine, prenant base dans la volonté purement humaine. Son âme doit se connaître en servitude ! A l'homme purement humain, certes il faut un pouvoir purement humain, une société purement humaine ! afin que, semblables à lui, société et pouvoir restent suspendus en l'air, ou s'assoient dans les nuages, sur le trône des tempêtes...

Déjà l'anarchie est en nous. Elle est dans les croyances, qui demandent plusieurs sortes de Foi ; dans les pensées, qui sont la proie d'innombrables opinions ; dans les mœurs, qui n'ont de loi que l'intérêt ; dans les lois, qui ne se rattachent par aucune raison à Dieu ; elle est enfin dans l'Etat, qui ne vit que par les croyances, par les idées, par les mœurs et par les lois. Que dis-je, l'anarchie a rongé la société : elle entre déjà dans les faits...

VII.

A cette heure, comment la société civile remédiera-t-elle à l'anarchie des esprits? Et l'anarchie dans leurs esprits,

(1) F. DE LA MENNAIS. Des Progrès de la Révolut Chap. I, pag. 1.

comment une société extérieure subsistera-t-elle parmi les hommes? En dehors des saints, dont le lien reste éternel, comment retiendrez-vous unis les hommes? Recourrez-vous à la force? alors, vous la ferez monter à la pensée et entrer dans les volontés! Vous soutiendrez aussi le sol économique : car toute production est le fruit d'une vertu, et toute consommation ne saurait faire un pas hors du devoir. Oui, comme depuis bientôt un siècle le vice et le luxe fondent et dissolvent tout capital, je demande sur quoi vos nations mettront leurs pieds?

Si vous avez oublié Dieu, vous n'avez pas oublié l'or... Apportez aujourd'hui le lien qui doit remplacer celui de Dieu dans les âmes; fondez cette société parfaite qui se passera de son assistance! Et, puisque les vieux siècles ont eu tort en tout, même lorsqu'ils ont trouvé du pain pour le corps et pour l'âme des populations pressées sur l'étroit continent de l'Europe, venez apprendre à qui la foule ira demander le sien! Approchez donc, vous saurez sur qui un peuple déraciné fera retomber ses maux! Riches fils de Brutus, cette fois c'est le tour de César...

Une situation de cette nature ne pouvait durer plus longtemps. L'erreur n'avait plus de bornes que la destruction même des âmes. Toute intervention était inutile. Quelle armée opposer à un siècle entier; quelle vertu pour refaire ce que chacun détruisait? Toute puissance était déjà vaincue. Il fallait une époque qui, plus logique que les hommes, tirât décidément de tant d'idées leurs fatales applications. Cette époque, la voilà!

Courage, enfants du présent, frappez à toutes vos idées; n'en laissez pas passer une sans lui demander ses actes. Peut-être reconnaîtra-t-on l'erreur quand on la verra dans un fait! Dans ce cataclysme d'un continent antique tout entier versé sur le nôtre, les principes ont été écrasés ; la sagesse, dont la voie se dirige vers le Ciel, est rompue ; l'expérience, dont le sentier est tourné vers la terre, offre seule le débris d'un tracé sous les pas ; le temps est obscurci par une effroyable poussière, la vérité, la vérité n'est plus qu'un nom depuis qu'elle est hors de portée, le fait reste la seule réalité que l'on puisse sentir du pied : Allez à lui. Courage, enfants du présent, vous ignorez tout ce que l'avenir devra à votre logique et à vos malheurs !

Et moi-même je serais comme la *voix dans le désert*, si je restais dans la parole des principes. J'approcherai aussi du fait. En France, où l'esprit s'estime tant au-dessus de la raison, on croit qu'il faut s'élancer après quelques idées lointaines pour entrer dans la profondeur. Nous n'aurons point cette peine. J'ouvrirai un ou deux faits économiques, les plus près, les plus oubliés aujourd'hui : mais sans me rien dissimuler.

Dans les moments semblables, celui qui vint apporté sur le flot de la vérité fut toujours intempestif en ce pays.....

VIII.

Du Capital.

Le genre humain a collé ses bras aux flancs de la terre ; il vit de cette croûte du Globe qu'on appelle végétale. Où la couche s'augmente, ses peuples s'accumulent ; ils s'éclaircissent où la couche s'épuise. Avec la terre végétale les civilisations ont couvert ou délaissé les continents.

Quand elle s'est ramassée avec les âges, les nations ont

déposé de longs siècles. Quand elle s'est écoulée comme le temps, les peuples ont vu leurs flots se retirer. Thèbes, Babylone, Jérusalem n'ont laissé que le sable. Jamais deux civilisations antiques ne se sont succédées au même lieu. Rome n'a pas porté deux fois les esclaves.

Si les peuples sortent de terre, la terre d'où est-elle venue ? Memphis, Carthage et Athènes ont apporté puis emporté leur territoire avec elles. L'arbre secoue ses feuilles sur ses pieds, il recouvre ses propres racines ; le jour où ses branches sont mortes, un vent le met à bas, le torrent passe et ne laisse que le rocher.

C'est une loi : la population humaine est en raison des subsistances, les subsistances sont en raison de la terre végétale. En raison de quel fait est donc la terre végétale ? Où est la main qui transfère ainsi les royaumes, et les établit à son gré ?

Un être a été créé libre. Les conditions de son existence doivent être à la fois son œuvre et l'origine de son progrès. Pour connaître l'homme, il faut savoir comment au premier jour la Terre vint à l'homme...

IX.

Au premier jour économique, la Terre était, comme au premier jour biblique, INANIS ET VACUA ; la liberté devait venir la remplir. « Informe et nue, les ténèbres couvraient sa face, les plantes n'étaient pas dans les champs, et la pluie n'était point encore répandue sur elle : e n i m h o m o n o n e r a t q u i o p e r a r e t u r t e r r a m, ajoute la Genèse ! Le Globe sortit nu et sauvage du refroidissement géologique. Il était marqué pour les enfants de la liberté.

Dieu créa tout en puissance devant l'être qui devait tout mettre en développement.

L'avance de la création c'est la terre *cultivable*. La terre végétale est de création et de conservation humaine. Les forêts n'ont donné que la première mise de fonds. L'homme en a produit la couche toutes les fois que sa vertu y déposa le travail et l'engrais. Il l'a détruite aussitôt que son vice lui demanda plus qu'il ne voulut lui donner. La culture ne fut jamais l'art de créer quelque chose de rien! Le monde a été donné à l'être qui est le fruit de ses œuvres...

Celui qui a étudié la base des choses sait que l'homme a créé son sol; que le sol a créé son climat ; que le climat a créé son sang ; que le sang a multiplié les nations, et que les nations ont élevé les âmes. Et celui qui a suivi les peuples à leurs pas sait que quand les âmes sont tombées, les nations se sont écroulées, le sang est redevenu appauvri, le climat inhabitable, le sol ingrat, et l'âpre nature, qui fit faire nos premières armes, occupe de nouveau la terre.

La Terre a été successivement couverte par les eaux, par les forêts et par les hommes. Quand ils en ont mangé la couche jusqu'au granit, les déluges ont repris les continents. L'histoire racontera ses annales ; voilà celle que le Globe lui fait.

Toute la terre fut faite pour l'homme, à condition que l'homme fit toute la terre. De même l'homme fut créé complet, à condition de se créer complètement lui-même. Arrivé en ce monde, il n'y trouva pas plus son sol qu'il ne trouva son âme formée, la société toute prête et la civilisation élevée.

La liberté naît d'un sol vierge.

A celui qui ne pouvait être créé que dans son germe,

Dieu a donné le germe de tout... On vit les forêts défrichées, les marais desséchés, les fleuves régularisés, l'atmosphère purifiée, le climat constitué, le sol composé, le blé inventé, l'animal subjugué, le sang de l'homme enrichi, sa poitrine élargie, ses muscles augmentés, son cerveau développé, et son visage embelli : car l'âme fut faite en lui à mesure qu'il faisait toute chose.

Et pendant qu'il tirait ce monde brillant du chaos, son propre monde, la Société, sortait peu à peu de son âme.

De là chaque peuple a vu sa gloire ramassée dans son territoire. Et chaque peuple a vu son sol aussi inviolable que son âme. Mais quoi ! le sol est-il une substance sacrée ? Renferme-t-il la liberté en dépôt ? Quelque chose de plus encore, la vertu ? Ah ! sachez ce qu'il renferme.

X.

Si le premier homme avait été déposé en Europe, le genre humain eût disparu. Les fruits spontanés eussent donné leur limite à la population, le climat eût achevé de la détruire. Les hommes devaient être déjà libres pour entrer dans la nature occidentale. Il fallait que la personnalité fût formée pour que l'espèce pût s'approcher des pôles. La riche nature d'Orient fut la natte étendue sous les pas de l'enfance. Le climat et le sol commencé de l'Asie ont été le berceau. L'avance est offerte en raison inverse de la liberté...

La société humaine a débuté en Orient, pour s'accomplir en Occident. Ce fait dit la haute donnée de la création (1).

(1) Les plantes naissent du soleil, les arbres de leurs propres forces,

Au sortir des jardins de Phisons et d'Hévilath, le genre humain s'est donc répandu sur la terre, multipliant ses populations à mesure qu'il étendait ses oasis sous leurs pas. Le sol n'est qu'un produit épargné. Les instruments qui l'ont formé, les valeurs que renferme son sein, les objets qui couvrent sa surface, habitations, villes, ports, routes, canaux, animaux domestiques, attelages, machines, usines, meubles, vêtements, numéraires, approvisionnements, qui en font partie intégrante, ne sont comme lui qu'un produit épargné.

Et tous ces objets, par lesquels fut formé le sol, sans lesquels il ne serait plus rien, et qui deviennent l'instrument de sa production, sont si précieux, si considérables pour l'homme qu'il leur a donné le nom de Capital (1).

Sans l'existence du Capital le genre humain ne serait pas sur la terre.

Le Capital, c'est l'outil, c'est la vache, le mouton, le cheval, le champ prêt, le pain d'avance, le toit, le vêtement; c'est la machine, c'est l'usine, le cours d'eau, le char, le canal, le wagon, le navire; c'est le vent, la vapeur, la gravitation, c'est toute force que l'homme a saisie, c'est l'homme lui-même, précieux capital! Par l'apprentissage il renferme en ses bras le savoir et toute l'adresse du passé; par son ordre, sa vertu, son art de perfectionner, son éducation remise à l'enfant, il transmet le capital vivant qui court s'accroître dans l'avenir.

dans l'obscurité des forêts... Plus tard, la plante est consumée par la la lumière, et l'arbre se réjouit d'elle. POTES CAPENE.

(1) Ce mot fut appliqué par le juif et le marchand à l'argent mis de côté. Dans ce sens, il représente en effet le capital de l'un et de l'autre. Le commerce a conservé cette signification. Le Capital, c'est tout ce que l'homme a produit et n'a pas consommé, en fait de richesse pour satisfaire ses besoins.

Cubez la terre végétale des continents; toisez les champs des nations, les demeures de l'homme, ses villes, ses canaux, ses routes, ses ponts, ses aqueducs et ses ports; les flottes, les vastes réserves, les milliers d'instruments, les immenses richesses meublantes, vêtissantes et pourvoyantes entassées par le genre humain; estimez les innombrables populations qu'il possède, leurs codes, leurs sciences et leurs arts; tout ce qui a été fait sur la terre, au sein des airs et dans la mer depuis le jour où Adam est venu : enfin pesez ce Globe pour savoir ce qu'il vaut, vous saurez la valeur du Capital, de ce fruit que l'homme a produit et qu'il n'a pas consommé.

Qu'est-ce donc que le Capital?

Premièrement, un produit.

Secondement, un produit épargné.

Troisièmement, un produit épargné et employé.

D'où résulte que le Capital est toujours en raison premièrement du travail; secondement de la vertu; troisièmement de l'intelligence de l'homme. Les deux agents de la production, la nature et le travail, ont des limites; le sol est borné dans son étendue, la population dans ses forces. Le Capital, au contraire, ne rencontre aucune limite nécessaire. Or, la fécondité de la nature et du travail étant proportionnée au Capital, le Capital reste l'agent définitif de la production ou de la prospérité. D'ici vous apercevez le reste. On peut ramasser l'économie politique en quelques lignes.

Ainsi, les choses nécessaires aux besoins, conséquemment à l'existence de l'homme, n'existent nulle part qu'autant qu'elles sont produites par lui. Produire, c'est employer trois choses: les forces de la nature, le travail de l'homme, et la puissance du Capital. Mais comme la nature produit en proportion du travail, et le travail en proportion du Capital, pour produire beaucoup, il faut beaucoup de Capital. Enfin, comme le Capital est le fruit de l'épargne, ou de la modération dans les jouissances, toute l'économie politique repose donc sur les deux préceptes chrétiens : 1° qu'il faut travailler; 2° qu'il faut user avec modération.

La nature étant toujours donnée par Dieu, le travail et le Capital n'étant fourni que par l'homme, la richesse en définitive repose sur la Vertu.

Prenez la valeur d'un royaume, vous aurez la quantité de sa vertu. Le vieux proverbe, *tant vaut l'homme tant vaut la terre*, s'applique au genre humain comme aux nations. Un peuple est tout dans son territoire. Le prix de son sol est le propre poids de son âme. Là se tient le témoignage de sa gloire.

Jugez de ce qu'un peuple défend quand il défend ses frontières !

XI.

Le Capital réside en trois lieux : dans le sol, par la couche végétale que le travail et l'engrais y ont établie ; dans l'homme, par la vertu que le sang et l'éducation y ont mise ; dans les machines et tous approvisionnements, par l'intermédiaire desquels s'établit la jonction féconde de la nature et du travail. Mais si le Capital est reçu dans ces trois réservoirs, il n'a qu'une source unique, au cœur de l'homme.

Fruit de son activité dans la production et de sa retenue dans la consommation, cet agent sacré n'est plus le produit de la nature, mais bien celui de son âme. L'homme n'entre en civilisation que par son âme! La différence entre l'antiquité et les temps modernes est marquée par celle du Capital. Le commencement, l'accroissement et le développement d'un peuple, n'est que le commencement, l'accroissement et le développement de son Capital.

Savez-vous pourquoi une partie du globe est encore dans l'état sauvage? c'est qu'il n'y a point de Capital. Au commencement, l'homme privé de toute avance, ne possède même pas ses bras, puisqu'il se donne en esclavage pour les entretenir; il ne possède même pas sa vie, puisque tout être pour son besoin peut la ravir. La pénurie du sauvage n'est que celle de la nature, jointe à celle de son âme.

Savez-vous pourquoi le monde antique était dans l'esclavage? c'est qu'il ne possédait pas assez de Capital. L'esclave n'était que ce qu'il pouvait être dans la pénurie de l'antiquité. Il ne possédait pas ses bras, parce que la société ne possédait pas le Capital qui pouvait les dresser et les entretenir. Depuis, la société l'a accumulé par l'épargne. La détresse de l'esclave n'était que celle de l'antiquité.

Voici le fait : avec le Capital la même quantité de travail produit plus de richesses; la part revenant à l'individu s'accroît d'autant. Le capital est le levier qui s'alonge ou se raccourcit dans la main du travail. Or, à mesure que le Capital donne la fécondité à l'homme, le loisir, c'est-à-dire la substitution du travail intellectuel au travail physique, augmente de plus en plus pour lui. Toute science suppose un capital caché derrière elle. Enfin, au sein de la société, il en est successivement de même des classes qui ont pour fonction la sûreté, la justice, la moralité, l'instruction et les arts. Toute la société est construite sur le Capital.

L'homme commence avec le Capital, se développe ou

disparaît avec lui. C'est par le capital qu'il a successivement pris possession de lui-même. Si son travail amène de quoi entretenir ses bras, il les reprendra sur la nature. S'il lui fournit de quoi développer son âme, il la reprendra sur ses semblables. S'il lui fournit enfin de quoi devenir maître absolu de son travail et de sa personne, l'un et l'autre deviennent inviolables de fait ! Le salaire fut le signal de cet exhaussement de la nature humaine.

C'est le Capital qui rend possible le salaire, c'est-à-dire la propriété du travail. C'est le capital qui rend possibles l'éducation, que commence à reçevoir l'homme ; la diffusion des lumières, dont profite son esprit ; l'ordre civil et politique, dans lesquels entre son droit. Que dis-je, c'est le capital qui rend l'HOMME possible ! et qui rendra possibles un jour la liberté et la fraternité qu'il attend de la société future.

Traversez d'un trait l'histoire. Qui fit du sauvage un esclave, possédant sa vie; de l'esclave un serf, possédant sa personne ; du serf un ouvrier, possédant son travail ; de l'ouvrier un propriétaire, possédant tous ses droits? par qui en un mot les populations humaines furent-elles conduites de la triste antiquité sur les collines sacrées de la civilisation? Par la vertu de l'homme, sans doute. Mais, par quel agent? le Capital.

Si l'homme veut augmenter son salaire, il faut que le capital augmente. S'il veut augmenter sa moralité, ses lumières, son bien-être, il faut que le capital augmente. Il ne saurait élever son droit par une civilisation plus haute sans que le capital n'augmente; homme, il ne peut s'augmenter lui-même que selon le capital... Ce lent dépôt de la vertu est son unique marchepied.

Travailler à l'élévation de son capital, c'est, pour une nation, travailler à son élévation morale, à sa liberté, à ses progrès politiques et économiques. Le capital est sur la terre l'agent du développement humain (1). C'est par lui qu'on a vu s'opérer l'avénement de toutes les classes au sein d'un peuple; ainsi que l'avénement des divers peuples au sein de la civilisation. Ceux qui ont regardé l'histoire à la clarté de cette idée le savent bien.

Ne dites pas que le Capital n'est que la source de la richesse matérielle. C'est tout-à-fait le contraire, puisque d'abord, il est la preuve de la double vertu du travail et de la modération dans les jouissances ; puisqu'ensuite il offre seul le loisir qui permet à l'homme de s'occuper directement de son âme. Rien n'est plus immatériel dans son origine que le capital ; rien n'est plus immatériel dans ses fins. Une nation ne peut augmenter son capital sans que sa science ne se développe et que sa moralité ne s'étende, puisque lui-même ne provient que de ces deux sources. La richesse n'est point, chez un peuple, le triomphe de la matière, mais l'unique moyen du triomphe de l'esprit. Elle ne nuit jamais à celui qui la produit ; elle ne corrompt que celui qui la détruit...

Le Capital est la démonstration de la civilisation ; il bat comme son cœur ou suspend son mouvement avec lui. L'accroissement du capital est la condition de la vie ; sa diminution, de la décadence. Quand on ne produit pas on consomme. Il en est de la richesse exactement comme de la vertu, elle diminue dès qu'elle ne tend plus à s'accroître. Perdre du temps, perdre des bras, c'est fondre

(1) Le capital, a dit excellement M. Michel Chevalier, est la substance même de l'amélioration populaire. Pour apprécier toute proposition faite dans l'intérêt des ouvriers, il faut examiner si elle est de nature à favoriser ou à contrarier l'accroissement du capital.

notre civilisation. Par le chômage on court à la banqueroute, par la banqueroute à la misère, par la misère à la barbarie.

Le fait donné, les conclusions se déduisent.

Pour entretenir sans Capital une nation, il faut que la masse des hommes soit en proie à un travail exténuant ; c'est ici l'esclavage. Lorsque cette nation s'élève sur un capital plus étendu, déjà une partie de la population peut entrer dans les fonctions libérales ; c'est ici le moyen-âge. Enfin lorsque cette nation s'asseoit sur un capital de plus en plus suffisant, les hommes n'étant point obligés de donner toutes les heures du jour à l'entretien du corps, en peuvent consacrer quelques-unes à l'entretien de l'âme ; c'est à ce but que tend l'histoire.

Etudiez tout, vous entrerez dans cette idée, la plus simple et la plus profonde de l'économique : la vertu est la source du Capital, le vice en est la destruction. On n'épargne qu'après avoir pu vivre ; quand pour vivre on absorbe tout, on établit la perpétuelle impossibilité du capital.

L'unique moyen d'arrêter une nation dans sa marche serait de faire rentrer le Capital par où il est sorti, en disant au travail de tout consommer, et à l'épargne qu'elle est un vice ; c'est-à-dire, en éteignant la morale. Par ce chemin il faut trois pas pour rentrer dans la barbarie, c'est-à-dire dans la misère, dans l'anéantissement du peuple.

L'unique moyen d'améliorer la condition d'un peuple est d'en accroître le Capital. Si l'on faisait l'histoire du capital ce serait celle de la civilisation elle-même, Or, toujours le capital augmente en proportion de la vertu ; il s'accroît par la même puissance que la nature humaine dans l'homme. Si les nations chrétiennes, exclusivement, ont environ cinq fois plus de capital que les plus riches nations antiques, si leur population est plus du triple sur le même emplacement, c'est par cela qu'elles sont les nations chrétiennes.

Telle est la prospérité d'un peuple, dites que telle est sa quantité de Capital ; telle sa quantité de Capital, dites que telle est sa vertu, ou la quantité divine en lui. L'économique n'est que le champ de la morale. L'amélioration d'un peuple ou son élévation vers Dieu n'est que le même édifice.

Ainsi la loi de l'existence des nations. Il faut en faire l'application à la France.

XII.

La statistique livre en ce moment une triste page sur la France. Le jour vient où il faut compter.

La valeur territoriale de la France, terres, prés, bois, mines, routes, villes et habitations, tout son sol, en un mot, estimé comme le serait une propriété particulière, s'élève à 40 ou 41 milliards. Son capital industriel, numéraire, papiers, actions, valeurs commerciales, et tout le crédit était évalué avant Février à 25 milliards. Enfin son capital d'approvisionnement, grains, bestiaux, vins, fers, outils, étoffes, tous les objets produits, s'élevait à une valeur de 12 milliards. Total de l'estimation de la France : 78 milliards.

Des évaluations faites d'autre part à l'étranger portaient en effet que la France ne pouvait dépasser une valeur de 75 à 80 milliards. Ici je n'ajoute pas la valeur du travail et du talent renfermés dans sa population. Comme elle porte en elle la consommation, le point est précisément d'en savoir le rapport avec son capital. Deux sommes toujours dans la richesse des nations : le capital pose l'une, mais la population sert de diviseur ou de multiplicateur à l'autre.

Or premièrement, des 41 milliards du capital foncier, il faut d'abord soustraire les 8 milliards d'hypothèques qui le couvrent ; sans parler des 6 milliards environ d'hypothèques légales ou périmées (1) qui porteraient la dette totale à 14. Après ces 8 milliards de la dette hypothécaire, il faut porter à la soustraction, au moins pour la moitié de cette somme, la dette chirographaire ou les créances ordinaires, c'est-à-dire 4 milliards. Des premiers 41 milliards, otez ces 12 milliards du passif, reste liquide 29 milliards.

Secondement, au lieu des 25 milliards du capital industriel, il reste 2 à 3 milliards de numéraire, dont le reste a fui à l'étranger devant l'émission du papier ; plus les billets de quelques banques, et ce qu'il peut y avoir de valeur réelle dans les diverses actions. C'est évidemment aller trop loin que de porter cet actif à 10 milliards. Les autres valeurs commerciales sont réduites à zéro. Plus de 15 milliards de crédit, c'est-à-dire de capital fictif, sont à cette heure anéantis !

Troisièmement, des 12 milliards du capital d'approvisionnement, il faut ôter au moins le tiers, 4 milliards ; quoique ce ne soit pas évaluer assez, pour cette année, la portion entamée dans la chûte terrible du travail et du crédit. L'impôt aurait déjà absorbé à lui seul pour la moitié de cette somme.

(1) On ne fait pas inscrire l'hypothèque légale pour les biens immeubles, mais seulement pour les valeurs mobilières et en capitaux. Or, ces capitaux précisément n'existent pas, puisqu'il n'y aurait que le numéraire actuel pour les payer. Ils sont donc positivement dus par la terre et n'existent nulle part ailleurs. Quand, sur 13 à 14 milliards d'hypothèques de toutes sortes, je n'ai porté la dette réelle qu'à 8, c'est pour rester en dessous de son chiffre.

Portant donc à la soustraction ces trois chiffres fatals, des 12 milliards dévorés sur le capital foncier, des 15 milliards sur le capital industriel, et des 4 milliards sur le capital d'approvisionnement, il reste aujourd'hui à la France, au lieu de 78 milliards, seulement 47 milliards de capital liquide et propre à la production.

Et sa population est toujours de 36 millions d'âmes !

Je ne sais si vous traduisez fidèlement, mais voici ce que cela veut dire : la population française au lieu de vivre des produits d'un capital exploité de 78 milliards, est réduite aux résultats d'un capital exploité de 47 milliards...

Trente et un milliards de déficit sur la vie !

En quarante ans, douze milliards de dettes intestines levées sur le capital ; et puis, en un jour, près de vingt autres milliards disparus !

Avant de voir sur qui porte le sinistre, et comment il a eu lieu, allons à l'appréciation du détail. On a évalué à 9 milliards ou 9 milliards et demi au plus, le revenu annuel de la France. Ce revenu était le produit des 78 milliards de son capital, exploité par le travail et le talent de sa population.

Si on divisait ces 9 milliards et demi en parties égales pour une population de 36 millions d'âmes, on peut voir que la portion revenant à chacun serait d'abord de 263 fr. par an; soit 72 centimes par jour. Mais sur ces 72 centimes il faut, pour l'impôt d'un milliard et demi, prélever par jour sur chaque tête 12 centimes; reste 60. Car chaque tête en France se fait par jour à peu près 8 centimes de plus pour un milliard de plus en revenu, ou conséquemment par an 28 fr. de moins pour un milliard de moins. Enfin sur ces 60 centimes qui restent après l'impôt, il faut prélever 4 centimes pour continuer le capital, c'est-à-dire la population et la prospérité nationale (ce qui n'ajouterait à la valeur de la France que 525 millions par an); en sorte qu'il reste net et en définitive pour chaque tête, 56 centimes par jour.

Telle est, après un Capital ramassé par quatorze siècles, la somme qui revenait à chaque Français, en prenant depuis l'enfant à la mamelle jusqu'au vieillard. L'exiguité de ce revenu paraîtra fabuleuse à ceux qui ignorent combien nos 28 millions d'habitants des campagnes vivent de peu. C'est cependant sur ces 56 centimes que l'artisan des grandes villes demandait de prélever, pour lui composer un salaire de 8 à 10 fois cette somme, à lui dont la famille ne renferme souvent que trois ou quatre membres !

Or premièrement, ces 9 milliards et demi étaient le produit de la France lorsque les 25 milliards du capital industriel encore debout et les 12 milliards du capital d'approvisionnement intacts se joignaient au capital immobilier !

Secondement, le capital ne produit pas de lui-même, il n'est que le champ du travail. Evaluez vous-même la réduction que le travail a subi soit par les causes morales et politiques, soit par ce que l'impôt a enlevé à la rente qui l'alimentait !

Troisièmement, le capital immobilier, appelé capital fixe, ne peut être exploité qu'en proportion du capital d'approvisionnement, appelé capital circulant. Evaluez combien le capital fixe se trouve frappé par cette diminution du tiers du capital circulant !

Pour moi je pose en fait ce malheur effrayant, que dès ce jour le revenu de la France ne s'élève pas à plus de 7 milliards et demi. Au lieu de 265 fr., 208 fr. par an : sur lesquels il faut prélever l'impôt ! C'est-à-dire, au lieu de 56 cent. 40 cent. Différence, 16 centimes par jour ; soit 56 fr. pour l'année !

Sait-on comment cette différence se nomme : le PAUPÉRISME ! car le capital étant inégalement recueilli par le travail et la vertu, sa chute est inégalement portée.

Quoi ! le paupérisme lorsque les 15 milliards du capital fictif, sur lequel se tenait la population industrielle, étaient encore vivants ! Le paupérisme, lorsque le capital d'approvisionement et le chiffre du travail n'étaient pas encore entamés ! Le paupérisme, lorsque le capital immobilier n'était point frappé de la dépréciation de Février et de l'impôt qui a suivi ! Le paupérisme alors : que sera-t-il aujourd'hui !

C'est ce que je ne puis prévoir. Jamais pareille position ne s'est offerte dans l'histoire. Sans découvrir les faits moraux, à ne prendre que la situation économique, je ne vois pas depuis la fondation du christianisme un cataclysme semblable à celui qui nous menace.

Il ne s'agit plus, comme au moyen-âge, d'une idée qui peut passer comme un météore. Devant nous est la Révolution de la misère, l'hérésie malheureuse de la faim....

XIII.

Tout le capital que le luxe a prélevé sur les richesses de nécessité et le capital du crédit qui faisait le service de l'agiotage, bref tout le capital fictif est détruit. Or voici la loi:

Toute diminution de capital amène une diminution proportionnée de production ; et toute diminution de production amène une diminution proportionnée de population. Où est la production des 15 à 20 milliards du capital fictif:

je demande ce que deviendra la population qui reposait sur cette production?

De plus, la France est physiquement incapable de venir au secours de la population industrielle. L'impôt aurait la faculté de prélever sur un point pour reverser dans une autre. Mais sur qui le lèverait-on? Evidemment sur le capital qui reste, sur les habitants des campagnes. Or, vous savez la vérité sur le sol...

On a voulu commencer. Déjà sous la forme d'ateliers nationaux, de commandes, de primes et de secours, des millions provenant des ouvriers des campagnes sont allés aux ouvriers des villes. Le préjugé qui consiste à croire qu'il y a beaucoup de richesses en France, qu'on pourrait au besoin créer du capital par décret, et qu'enfin sans inconvénient on peut déplacer le capital dans une nation, ne bornera pas là notre ruine.

Devant vous la position est forcée. Le capital fictif qui soutenait la population des villes est détruit; le capital agricole est seul debout à travers son hypothèque. Vous voudrez prendre où il y a, pour porter où il n'y a pas. Le premier impôt a levé le peu d'avances qui restait; le second soulèvera les hommes. Il faut le dire, la question se trouvera ainsi posée dans les faits : la guerre des campagnes contre les villes.....

Le résultat de tant d'erreurs est-il enfin palpable : d'un côté, un capital énorme anéanti sur lequel une vaste population s'est assise; de l'autre, toute la population du sol appauvrie depuis trente ans par cette émission exagérée des valeurs fictives! Déjà cette dernière ne peut se suffire, et la première est obligée de recourir à elle pour ne pas périr! Vous parliez d'organiser le travail, c'est bien temps maintenant! l'organisation du travail, c'est un capital en état de le soutenir. Ouvrirez-vous les yeux : sont-ce nos 28 millions d'agriculteurs qui demandent d'organiser leur travail ?...

Tout le mal vient de l'abus du commerce.

Autrefois, nos deux industries agricoles et manufacturières en contact produisaient pour pourvoir à leurs nécessités mutuelles. Ces deux activités économiques en présence pouvaient s'arrêter à la limite de leurs vrais besoins. Il en fut ainsi jusqu'à la fin du moyen-âge. On ne pensait alors qu'aux justes nécessités, on songeait moins aux fortunes.

Mais entre les deux industries agricoles et manufacturières, les Juifs vinrent établir l'industrie intermédiaire du commerce, pour transporter les produits de l'une à l'autre. Dès ce moment la production entra dans une autre voie.

En premier lieu, les deux industries agricole et manufacturière n'ayant plus de rapports entre elles, aucune des deux ne sut le point auquel elle devait arrêter sa production. Elle a dû aisément penser que toute production augmenterait son profit, et que les moyens de consommation seraient toujours au niveau. Delà une grande partie de l'activité employée non à une augmentation de richesse, mais à une véritable destruction.

En second lieu, cette troisième classe ayant pour objet de vendre cher et d'acheter bon marché, et pour but non plus comme les deux précédentes l'intérêt de la production, mais la consommation la plus grande possible des produits de toutes sortes, elle ne s'occupa plus des besoins véritables de ces deux autres classes. Elle eut au contraire intérêt à en créer de superflus pour augmenter son trafic.

Dès lors une nuée d'entrepreneurs de commerce se répandent et se trouvent en lutte partout. Dès lors concurrence entre eux pour s'emparer des débouchés. Dès lors nécessité de réduire les prix. Dès lors nécessité de produire à meilleur marché, c'est-à-dire de diminuer le profit du capital et le salaire de l'ouvrier.

Dans cette concurrence sans limite et cette fièvre de la production, la richesse s'est accrue ; mais le salaire et le profit ayant diminués la consommation s'est d'autant réduite. De là encombrement, c'est-à-dire existence d'une production inutile, c'est-à-dire destruction d'un capital. De là le commerce, ne trouvant de plus en plus ses acheteurs que chez les hommes en qui la concurrence a concentré les capitaux, au lieu de produire les choses de nécessité produit les choses de luxe. De là détournement de plus en plus du capital au profit du superflu, c'est-à-dire aux dépens des masses.

Sur ces entrefaites, les gouvernements voyant la production augmenter, augmentèrent aussi les impôts ; le fait retombe sur la production et les masses encore le payent. Les gros budgets sont venus avec les gros capitaux tout prêts. Les gouvernements favorisèrent le commerce aux dépens de l'agriculture afin de savoir où les prendre. Les commerçants profitèrent de leur crédit pour créer des valeurs commerciales énormes. Ces valeurs, qui s'élevaient au chiffre effrayant de 20 milliards, ont déprécié d'autant le numéraire et le sol ; il a fallu deux ou trois fois plus d'argent pour payer les frais agricoles. De là l'agriculture ruinée s'hypothéquant sans profit pour l'industrie. Qu'une cause vienne détruire cette richesse de crédit, la détresse est universelle ; la misère qui poursuivait l'habitant des campagnes et atteignait celui des villes, frappe alors la Nation... . .

Résultats du commerce : *disette* dans les choses *utiles* ; *surabondance* dans les choses *superflues* ; pénurie des masses et ruine des capitaux, c'est-à-dire paupérisme.

Quand l'Eglise nous mit en garde contre les Juifs, contre

les banques, contre l'usure, enfin contre l'abus du commerce, nous n'avons pas voulu l'écouter....

Écouterez-vous les faits ? Premièrement, le commerce substituant la valeur vénale à la valeur réelle, bouleverse les lois de la production. Secondement, le commerce se substituant aux besoins, renverse les lois de la consommation. Troisièmement, le commerce substituant les richesses de superfluité aux richesses indispensables, détruit la population.

L'affaire du négociant n'est pas d'être utile, mais de vendre. Le commerce n'est plus, comme dans les livres d'économie politique, cette industrie qui, transportant le produit au lieu de sa consommation, crée devant le besoin une richesse réelle. Il devient cette puissance accélérant partout la consommation par un bas prix qui vient de ruiner quelque part une branche du travail. L'institution du voyageur de commerce est un fait qui explique tout.

Le bienfait du commerce fut d'enlever l'industrie à l'état domestique. Son fléau est de s'être fait le sol des objets de luxe. C'est par ses soins, c'est pour son but que du lin valant 1 fr. est converti en une dentelle de 3000. Je demande où sont les 2999 fr. de travail, c'est-à-dire de capital, entrés dans cette confection ? Un peuple qui laisse le droit de transformer ainsi son capital pour les besoins païens ne risque pas de s'enrichir ! Il crée une richesse pour satisfaire ses besoins de nécessité, aussitôt on la lui change en un objet de vanité...

Notre misère a commencé le jour où les hommes ont voulu s'enrichir. Les lois de la richesse ont été bouleversées dans le monde. Comme la terre ne fut pas faite en vue de fournir de l'or, les digues économiques ont été rompues et le capital s'est perdu. Le jour où pareil fait se déclara chez les nations antiques, elles disparurent. Les populations déshéritées du capital allumèrent une guerre civile qui amena la destruction de ces États.

Les Prophètes n'ont pas parlé que pour les Juifs! Il ont dit la ruine des peuples que le commerce, dans ses conséquences économiques et morales, avait dissous. Les sociétés modernes auraient-elles d'autres fondements; et l'homme reposerait-il en dehors des lois morales?

XIV.

On lit avec stupeur en France des réflexions comme celle-ci : « Nos finances courent à une catastrophe qui paraît inévitable. » Quoi! on n'a vu que la ruine de l'État : on ignore celle de la Nation! On s'effraye devant la dette financière : et l'abîme économique ouvert sous la société française?

Qu'un État fasse banqueroute, une nation riche peut avec du temps tout rétablir. Mais quand c'est la nation elle-même, qui peut venir à son secours? Et la position est telle que si vous êtes monarchistes je vous dirai : la plus heureuse monarchie à cette heure n'y pourrait rien; et si vous êtes républicains : la plus parfaite république ne saurait en ce moment sauver la France.

Une chose fut oubliée dans tous les calculs, c'est le produit à la longue de la vertu ou du vice chez un peuple.

Depuis cinquante ans on ne voyait que politique; se doutait-on qu'il y eut des lois économiques pour fondements aux nations! Le lendemain de notre révolution, le premier devoir du gouvernement n'était-il pas de déclarer à la France sa situation économique. Toute famille prend conseil de son inventaire.

L'incurie était si complète qu'on apporta à la Tribune une bévue inimaginable : au lieu de soustraire au capital les créances hypothécaires, on eut la bonté de les y ajouter! Puis, ignorant que dans l'estimation du sol les constructions étaient comprises, on joignit aux 41 milliards un chiffre emprunté aux Compagnies d'assurances. Enfin, les valeurs fictives ne faisant pas l'objet d'un doute, on les ajouta au total. Le passif et l'actif ainsi portés à la même addition, on ne fut pas en peine d'attribuer un capital de 120 milliards à la France. C'est-à-dire qu'on donna la somme, non pas de ce qu'elle possède, mais de ce qu'elle a couté (1)!

Triste courage! le jour d'une ruine qui épouvante et rappelle un pays à l'économie et à la résignation, on vient le convier, sous le prétexte d'une richesse inépuisable, à des entreprises politiques et économiques désastreuses, inouïes, propres à renverser ce peuple avant trois ans!

On croyait à une telle surabondance du capital que tous les décrets se conjuraient pour l'attaquer. La Révolution ne semblait faite que pour frapper ce terrible géant! Ceux qui feront entendre à la France qu'elle est riche peuvent, au point où elle est, doubler en un an le mal qu'on lui a fait en un siècle; ceux qui la convaincront qu'elle est dans une crise ordinaire et toute transitoire achèveront de la tuer.

(1) Ajoutez, d'autre part, dans les esprits un tel délire que la presse tenait des propos comme ceux que textuellement je cite : « Adieu, monde « de souffrances et de misère que l'humanité vient de franchir, le 24 « Février t'a clos à jamais ! » Et ailleurs : « Que le gouvernement pro- « cède à l'association avec les biens des hospices; dans peu le peuple « sera assez riche pour se faire soigner chez lui. »

La France est en ce moment la nation vivante la plus pauvre de l'Europe après l'Espagne. Elle fut infestée de la même erreur, je tremble qu'elle ne soit victime du même sort.

L'Espagne a cru que la richesse était dans l'or. Abandonnant les trois agents de la production, elle ne tarda pas à céder les métaux recueillis pour obtenir ce que son sol et son travail ne donnaient plus. L'Etat ruiné acheva par ses impôts de décourager et d'abattre la propriété. La France a cru que la richesse était dans l'industrie. Elle a peu à peu, également, abandonné le sol qui nourrissait et vêtissait sa population. Son gouvernement en est à rêver l'emprunt forcé et le papier hypothécaire !

Nous avons voulu adopter l'économique anglaise; mais nous avons oublié un fait, c'est que cette nation possède aux Indes près de soixante millions d'esclaves produisant à trois sous par jour ! On se défaisait du sol pour quelques capitaux, que l'on portait aussitôt dans l'industrie. Pendant ce temps la prévoyante Angleterre encaissait les bénéfices de son commerce dans son sol. Aujourd'hui un grain de blé semé en France rapporte une moyenne de 6 ; ce même grain en Angleterre en rapporte de 10 à 12. Qu'est-ce à dire, sinon que l'Angleterre est aujourd'hui une fois plus grande que la France !

L'état économique comparé a changé à ce point que les idées qui étaient vraies il y a un siècle et demi, ne sont plus que des préjugés. On croit encore que tout est bon marché en France ; cette erreur tient à la rareté d'argent; on croit que tout est cher en Angleterre, cette erreur tient à leur abondance de numéraire. Mais le bon marché n'est qu'apparent en France ; d'abord parce qu'en tout le capital y est moindre, ensuite parce que l'impôt y est exorbitant par rapport au produit net.

L'Allemagne a travaillé également à mettre son capital dans son sol. La viande y coûte 25 centimes la livre et le pain de 10 à 15 centimes; tandis qu'en France, la viande coûte 45 centimes et le pain de 15 à 20 centimes. Ce prix de la viande et du pain, c'est tout simplement le prix du sang qui entre dans nos veines, c'est le prix de l'homme en France.

Si un homme coûte à sa source un tiers de plus chez nous que chez les autres peuples européens, nous sommes battus. D'abord nous le sommes commercialement; l'étranger n'élèvera pas ses prix pour nous attendre. Battus sur les marchés, on l'est inévitablement ailleurs. Au fond les nations sont entre elles comme leur capital. Je disais que nous prenions le même chemin que l'Espagne!

Toute notre économique est faussée; cette science a été faite malheureusement sous les idées du 18e siècle. Les détails constatés sont bons; elle a analysé les éléments et fait en quelque sorte une curieuse anatomie. Mais la recomposition du corps vivant de la richesse a échappé à sa portée. Elle n'a répondu que par le scepticisme à la notion transcendante sur laquelle repose le capital. Les peuples actuellement exposés aux conseils de cette science, souffriront encore de grands maux.

Tant que, bornée au point de vue païen, elle prêchera la richesse à l'homme, elle sèmera la pauvreté. Il faut que l'économique se refonde sur les idées chrétiennes, c'est-à-dire sur les idées pratiques mêmes. Elle est stérilisée dans sa source et vers son résultat.

L'immoralité a déterminé une consommation improductive énorme, en dehors de toute limite économique. Ce genre de consommation appauvrit directement une nation. La pensée de la solidarité n'a même pas éclairé les bases économiques. On ne peut consommer du capital sur un point sans que sur un autre le travail ne se détruise.

Dans la stricte vertu du riche, comme dans la stricte épargne du pauvre sont les sources de la Richesse publique. La science disait le contraire.

Mais par Richesses il faut entendre celles qui satisfont les besoins de nécessité et ceux de développement, c'est-à-dire les besoins chrétiens. Quant aux richesses de vanité et de superfluité, elles sont la destruction des premières, et la destruction de la nature humaine.

On vit le capital d'un peuple se partager en deux : celui qui correspond à la production des objets de nécessité, et celui qui correspond à la production des objets de superfluité. Eh bien ! le second est autant de dérobé au premier ; c'est-à-dire que le luxe est autant de prélevé sur le pain.

Quand par son immoralité un peuple attire les forces de la production sur les objets de luxe, il accroît d'autant sa pénurie. Il arrive que les masses ne peuvent plus réduire leurs besoins de nécessité pour acheter ces objets de vanité, ainsi la position des campagnes. Et le moment où les ouvriers des villes ne peuvent plus se contenter des profits de leurs produits, est celui où l'on ne peut plus les acheter. C'est ce qui arrive à cette heure en France.

Or, toute production non demandée est une destruction de richesse ; de plus, une destruction du capital et du travail affectés à cette production ; enfin, une destruction par le paupérisme de la population qu'elle suscitait : ruine sur ruine. Toute décadence est rapide.

Le danger de cette bifurcation du capital en capital légitime et en capital de luxe est d'autant plus grand chez un peuple qu'il est plus avancé en civilisation. L'énormité de sa population lui fait une nécessité de préserver du moindre choc le plateau qui la porte. Si l'Océan reprenait un tiers du territoire de la France, le tiers de sa population qui le couvrait, trouverait-il sa subsistance dans la pénurie des autres?

Tel est l'événement que le luxe a fait éclater chez nous. Que le 18e siècle vienne maintenant au secours de la population qu'il a porté sur le gouffre!

XV.

Quand une nation s'appauvrit, regardez aux mœurs...

Si je disais tout d'abord que le capital est tombé en France en proportion de la foi, on ne le voudrait pas croire. Il faudra cependant le croire quand on voudra sortir de là. Tel vous saviez l'état de l'ordre moral depuis un siècle, tel vous avez l'état de l'ordre économique à cette heure. Autant il vous reste de religion, autant il vous reste de pain!

Le paupérisme était dans les âmes; il n'a fait que passer dans les choses. Vous avez cru qu'on pouvait attaquer la vie morale sans que la mort approchât : ici vous arrêtez-vous?

Le christianisme n'a élevé le capital moderne qu'en inspirant la modération dans les jouissances. Vous rentrez dans les mœurs antiques, la population rentrera dans ses chiffres d'alors...

L'absence de toute sainteté a créé la cupidité chez les grands et la dépravation dans le peuple; le besoin de capital a créé son amplification par le crédit, le commerce et l'agiotage; et tous trois ont créé, au sein des peuples modernes, une misère comme jamais l'antiquité n'en a connue.

Chez elle, le capital reposait sur l'esclave, il ne pouvait le consommer. Quand le christianisme, détruisant l'esclave, confia le capital à l'homme libre, c'est qu'il lui donna la vertu, qui empêche de le consommer. Détruisez la vertu par sa racine, qui est la foi, il ne reste plus de barrière entre la barbarie et nous.

Depuis cent ans on n'a fait de progrès que dans le paupérisme. Qu'on marche ainsi pendant cent ans, l'humanité disparaîtra de l'Europe.

La voie de formation des peuples, c'est la morale et l'agriculture ; non la politique et le commerce. Dans ce règne de l'industrie, on fit des hommes le moyen, les choses sont devenues le but.

De là, ce fait qui n'avait jamais existé, le paupérisme ! La statistique effrayée vint dire que, partout où l'industrie s'étendait, la pauvreté augmentait.

De cet unique problème les économistes devaient être frappés : Comment se fait-il que le paupérisme soit partout proportionné au développement de l'industrie ?

Quoi ! la richesse s'accroît, et la misère s'augmente ? Si l'activité s'est partout développée, le mal vient donc de la fausse direction qu'elle a prise ? On s'en est enfin aperçu à ce fait : le paupérisme.

Le paupérisme a produit des populations d'hommes qui sont aussi éloignés de l'humanité que pouvaient l'être les esclaves. Si l'industrie continuait, les hommes ne pourraient plus vivre, la population disparaîtrait.

Sans cet arrêt infranchissable, l'ordre moral eût achevé de s'écrouler ; les hommes retournaient au point où ils étaient avant le Déluge. Comme la douleur dans l'organe, le paupérisme est l'avertissement des nations.

Tout le monde était riche en France de choses qui n'existaient pas. Supposez quatre joueurs dont deux auraient gagné trois fois ce qu'ils posséderaient entre tous. On gagnait des fortunes sur le papier, mais la dépense se faisait sur le terrain. Chaque faillite dissolvait d'abord ses valeurs fictives; puis, atteignant les fournisseurs, emportait un lambeau au véritable capital.

C'est le crédit qui a ruiné ce dernier règne. Avec 50 mille fr. on entamait au moins pour 600 mille fr. d'affaires. Par le crédit, un capital de 50 mille avait donc le droit d'en exposer un de 550 mille! La plus grave des fautes économiques est de remettre le capital aux mains de celui qui ne le créa pas. C'est en ignorer foncièrement le caractère et l'origine. Par le crédit, sous prétexte de s'enrichir, on met d'abord en jeu le capital saisissable; puis créant des valeurs fictives où il commence à s'arrêter, on peut entraîner le reste.

Le crédit tombera par cette unique raison qu'il est une amplification du capital. Le capital, substance de l'amélioration humaine, ne provient que de la vertu. Partout il a été placé comme véhicule du bien. Quoi! l'homme trouverait un moyen d'échapper à la vertu : croyez la création mieux faite! Quels gens sages désormais se prêteraient au crédit? On a eu la naïveté de dire à la Tribune : « tout le monde demande du crédit » ; c'est bien faux, tout le monde le refuse.

Hommes d'État, qu'est devenu le travail employé à un capital qui n'est plus? Par le crédit on peut dévorer la moitié d'une nation. S'il fallait aujourd'hui payer à chacun sa fortune, on ne trouverait que ce qu'il y a. Que deviennent les multitudes qui ont fondé leur pain sur ce sol? La France, autrefois, ne courait pas ces difficultés en révolutions, parce qu'elle n'avait pas autant de richesses fictives. Noble et armée, elle voyait tomber non loin d'elle les États qui s'en servaient.....

Créer des fortunes factices et consommer réellement ne peut enrichir un État. Élever des populations sur un capital absent, c'est prendre la route de l'abîme.

Depuis Colbert, la France a été fatalement dirigée.

Si tout notre mal vient de l'abus du commerce, cet abus vient de la cupidité ; et la cupidité, de l'immoralité.

Les grandes lois sont là. Une population ne se forme que par l'attérissement de la richesse sous ses pieds. Elle s'augmente à mesure que ce territoire s'étend.

Une nation n'est qu'une population qui a créé son capital. L'état sauvage n'est que celui où le vice l'empêche de se former.

Malheur à la nation qui se laisse déposer sur une richesse fictive ! Malheur à l'éboulement du faux sol !

Le capital d'un peuple est comme le pont du navire sur lequel la foule se tient. Le luxe est le ver de cale qui la perfore en dessous.

Par le gouffre des villes, les nations s'écouleront. Tyr, Carthage et Sidon, les premières, ont enlevé des nations à l'antiquité !

La Richesse n'est point pour elle, mais pour la vertu qu'elle suscite. Le secret de la créer autrement est le grand secret de la ruine.

La terre n'a été faite avare que pour nous rendre prodigues de nos bras. C'est contre l'écorce du globe que l'homme vient gagner sa liberté.

Si le but de l'homme était la fortune, qu'eût-il coûté à Dieu de lui donner une terre végétale double et aussi riche que son sang !

Ce monde est pauvre. Serait-il ainsi au hasard ? Pourquoi donc, en expérience, les faits vous semblent-ils sacrés? observez le premier de tous, le fait même de ce monde!

La destinée de l'homme est d'obtenir, puis de mourir dans son désir aussitôt qu'il a obtenu. Car dès qu'il s'assied il se brise.

Pas de milieu : nous sommes ici pour jouir, ou nous y sommes pour ce que le Christianisme a dit. En économique, la question ne se pose pas autrement.

Ceux qui l'ont décidée d'après le premier point de vue vont voir où ils aboutiront. Ils vous ont dit que le commerce et le luxe élevaient les nations. Et quand ils les renverseront, comment les hommes diront-ils!

Des nations sont bien tombées! c'est-à-dire : des POPULATIONS ONT DISPARU D'UN SOL QUI LES AVAIT PRODUITES! Quelle idée vous êtes-vous formé du fait?

Pensez-vous que ce soit par la conquête? la conquête ne mange pas les hommes; elle refonde le plus souvent les royaumes épuisés.

Sachez-le : Les peuples ne meurent que de faim.

XVI.

Des idées.

Ne pensez pas, comme l'indiquent les savants, que les nations vivent ou meurent par des lois infiniment cachées. C'est au contraire par des lois infiniment connues, les simples lois de la morale. De l'addition de la ruine de chacun résulte la ruine générale! La corruption d'un peuple n'est que la somme des corruptions particulières; sa chute aussi.

Une nation ne tombe point d'un coup de vent. Un arbre ne casse jamais par le pied ; il meurt quand la stérilité est jusqu'à ses dernières tiges.

Voulez-vous connaître tous nos germes de mort, comptez parmi vous les impies.

L'irreligion n'est que la mollesse et la cupidité des cœurs. On fuyait l'agriculture où la richesse, fidèle à son institution, ne produit qu'en proportion du travail. On se ruait dans l'industrie, où la richesse, consacrée à l'agiotage, produit en raison d'elle même. Eh ! comment voudriez-vous qu'une doctrine qui renverse l'individu dans sa fortune, qui le dégrade dans son âme, ne détruisit corps et âme la société. Les sociétés humaines vivent et meurent selon les hommes.

L'événement du jour n'est autre chose que le luxe du faite descendu vers le bas. Laissez les lois, laissez les faits, n'accusez pas les innocents. Le mal a son foyer au cœur humain. Ce fut là, qu'après quinze siècles, ressuscita l'idée payenne. La Renaissance s'est allumée dans la salle des festins des Rois avant d'entrer dans nos bouges. Le luxe parut à la cour de François Ier; il s'embrâsa à celle de Louis XIV. Triste récit en trois mots : ce roi a corrompu la Noblesse ; la Noblesse a corrompu la Bourgeoisie ; la Bourgeoisie a corrompu le Peuple. On en est là.

Ranimé sur la vieille terre, l'esprit antique nous fut apporté par les cours. Des ce moment le bon ton ne fut plus de suivre la trace des saints, mais de prendre les airs efféminés des temps de la décadence romaine. Dans cette réaction de l'homme contre le point de vue divin, on appela barbare tout ce qui ne ressemblait pas à l'antiquité. Avec la pénitence, l'esprit se retira. La chair se réveilla partout et dévora. Les Français avaient été plus prompts au bien, ils furent plus prompts au mal.

Louis XIV eut publiquement des maitresses. Un roi, le premier, osa en face de l'Église ce que nul homme n'eût alors osé. La noblesse imita son roi. Personne, sans ce fatal exemple, n'eût pris la hardiesse de briser ouvertement avec les mœurs de l'Évangile et de la chevalerie française. A mesure que la bourgeoisie se forma, elle se piqua de suivre en tous points la noblesse. L'exemple arrivait si fort que le peuple en fut atteint. Lorsque, peu-à-peu le scepticisme le couvrant, il a fini par passer en plein sous les mœurs de ses deux aristocraties. Ces dix-huit ans lui ont fait faire le dernier pas.

Voilà l'histoire de la vertu; celle du capital est la même...

Louis XIV, par son faste, mit le marteau à nos finances. Là fut arrachée cette pierre qui devait amener un écroulement affreux : toute Maison de France allait suivre la Maison royale ! La vie austère est méprisée ; le luxe, dit la richesse et honoré. Alors les anciennes familles quittèrent les châteaux ; on vint rivaliser d'opulence à Paris pour y saisir les abords de la cour. Vous savez tout jusqu'à la fin de Louis XV ; puis, les mœurs funestes que la Révolution découvrit ! Le faste et la dépravation qui détruisirent la noblesse, viennent d'abattre la bourgeoisie ruinée, laissant tout un peuple affamé sur le sol amaigri de la France.

Celui qui, sachant l'aberration des classes supérieures en France, regrette cet événement, je le tiens pour n'être pas homme.

XVII.

Ces dix-huit années de corruption flagrante et d'athéisme secret ont fait à l'ordre moral un mal pour le moment irréparable. Un siècle et plus de fausse économique portant un tiers du capital réel sur le mercantilisme, a creusé sous la France un gouffre qu'un siècle ne suffira pas à combler. Notre époque est une victime. Il aurait fallu plus que nous pour repousser ce fatal héritage d'erreurs, de vices et de dettes.

L'abus du mercantilisme a soulevé contre la propriété, c'est-à-dire contre le capital constitué, une réaction dont le terme pourrait être celui de la société même. Cette réaction peut devenir contre cette seconde colonne de la civilisation ce que la Réforme a été contre la première. Car le capital est dans l'ordre physique ce qu'est la foi dans l'ordre spirituel. Or, la foi, condition de la vie de l'âme, repose sur l'autorité ; le capital, condition de la vie du corps, repose sur la propriété.

On voyait, en 1500, des mœurs payennes restées debout sous les idées chrétiennes. Il n'y avait pas à réformer la foi, puisqu'elle était complète et vivante ; mais les mœurs, que sa lumière montrait évidemment fausses. La réaction se dépassa ; le vice de ceux qui portaient les idées chrétiennes l'attira jusque sur elles. De même aujourd'hui, la réforme n'est pas dans la propriété, mais dans l'abus que, malgré elle, on fait encore du capital. Loin d'atténuer la propriété, il faut l'augmenter et l'étendre ; mais loin de la conduire au terme payen de l'abus, il faut la ramener au but chrétien de l'usage.

Un Protestantisme économique est tout ce que vous avez à conjurer en ce moment.

Veillez-y ; il s'agissait, en 1500, d'être aussi chrétiens par les mœurs qu'on l'était par les idées ; il s'agit aujourd'hui de ne plus être payen par la fortune, quand on ne l'est plus par les lois. Des guerres aussi sanglantes que les guerres de religion nous menacent. Jugez de ce que deviendrait un pays où pendant trois siècles la propriété subirait le sort de la Foi ! Imaginez un état économique semblable à l'état moral que le scepticisme a fait ! c'est-à-dire que la population de la France, suivant la phase du capital, redescendrait, sous le couteau de la misère, dans ses chiffres de 1500 !

J'ignore ce qu'en architecture, en peinture, en littérature on pense de la Renaissance ; mais ce que, de mon côté, je suis obligé de dire, c'est qu'elle a été la destruction de l'ordre économique en France. Fille posthume du paganisme, elle a ramené la nature partout à la place de Dieu ; partout conséquemment, la chair, qui consomme, à la place de l'âme, qui s'abstient. Fut-il un lettré en Europe, philosophe, savant, publiciste, qui n'écrivît : « La Nature ? » Il en fut ainsi dans le cœur... La Renaissance n'est autre chose que celle de l'antiquité.

J'indique la grande cachette ; fouillez-la, vous trouverez tout. D'abord, tout le point de vue humain ; puis, tout ce qu'il a dû produire. De là sortit la grande Protestation ; c'est-à-dire celle de l'esprit privé de l'homme contre l'esprit absolu de Dieu. De là sortit le Luxe ; c'est-à-dire la richesse prise aux besoins pour être accordée aux sens. De là sortit ce que plus tard on nomma Légitimité ; c'est-à-dire l'investiture en un homme de la souveraineté de Dieu. Auparavant, les nations vivaient sur la foi en leurs princes ; ils n'avaient point eu l'idée d'usurper la prérogative essentielle donnée par Jésus à l'Église. La Légitimité n'est que l'infaillibilité transportée dans la politique.

La raison, la science, les besoins, les sens, tout parla de sa légitimité. Oui, tout devint légitime chez l'homme, excepté ce qui devait l'être. Ce mot, en politique, n'est, comme ailleurs, que l'achèvement du point de vue humain.

La Révolution française en fut la rude réaction. Elle n'a point fini. Si elle a vengé la société de l'œuvre impie de 1600 à 1700 ; la Révolution nouvelle la vengera en même temps de l'œuvre de 1500 à 1600, et de celle de 1700 à 1848 !

Voltaire fut le premier écrivain qui, sans se douter du fait auquel il concourait, emporté par ce mouvement imprimé à l'opinion par les Rois et les parlements, opéra dans la société domestique la révolution que les princes avaient faite dans la société politique. Or, ce que Voltaire et le 18e siècle firent dans l'ordre domestique, ce que les Princes firent dans l'ordre politique, Luther l'avait accompli dans l'ordre religieux. De sorte que l'athéisme, c'est-à-dire le point de vue humain, a gagné la société par ses trois éléments. Comment l'ordre économique s'en serait-il préservé !

Là nous en sommes. Un effroyable despotisme pourrait seul contenir cette anarchie. Une effrayante Révolution pourra seule nous en guérir.

Tout s'y prête en ce moment...

XVIII.

Les Rois se sont faits Dieu sur la terre ; les hommes à leur tour se sont faits rois devant Dieu. Leur cœur a quitté ses temples, leur sang a reconduit l'infamie sous le toit de la famille, et la stérilité sur la terre. Partout ils se sont couronnés des trois vices de leur paresse; aucune chair n'a assouvi leur vanité. Le feu des saturnales s'allumait dans les hauts lieux, le plomb fondu en dégouttait sur les têtes de la foule.... Vous direz à Dieu maintenant de la rendre chrétienne pour vous!

Il ne s'agit plus aujourd'hui de détourner tel ou tel bras de l'erreur ; le fleuve entier est dans ses bords. Je puis toute la dire dans un mot : l'homme se cherche au lieu de Dieu. Je puis l'exprimer économiquement : l'homme n'a d'autre pensée que de jouir. Le cœur n'est plus pour aimer Dieu, l'esprit n'est plus pour le connaître, le corps n'est plus pour le servir ; mais pour aimer, connaître et servir l'homme. De telle sorte que moi-même, en parlant de la sorte, j'ai l'air tout-à-fait d'un enfant.

L'homme a démonté en quelque sorte pièce à pièce le Christianisme ; il l'a remplacé pièce à pièce dans son esprit par l'erreur qui lui correspond. La foi n'est plus le don de sa pensée à Dieu ; la morale, le sacrifice de tous ses sens ; et la société, le devoir inscrit partout avant le droit, comme l'âme avant le corps. (1) Existant pour lui-même,

(1) Du devoir absolu naît le droit, de la responsabilité de l'âme vis-à-vis de Dieu naît l'inviolabilité de l'homme vis-à-vis de ses semblables. On a pris la question par l'autre bout pour la briser.

l'homme ne conserve que des droits. Or le premier est le droit au bonheur.

Est-il malheureux, est-il méchant? le mal ne sortant point de sa nature, ne peut provenir que d'autrui. L'homme naît bon, la société le déprave; l'homme naît libre, la loi le met dans les fers; l'homme naît riche, et les institutions l'ont enfermé dans la faim. Mais qui maintient cette société, cette loi, ces institutions? des hommes. Qui corrompit son cœur, qui détourna sa volonté, qui aveugla sa grande intelligence? les hommes. Qui retient enfin son pauvre corps dans la misère? des hommes! Depuis Adam, quelques hommes seulement ont empêché au genre humain d'entrer dans l'âge d'or.

Une seule révolution dans les faits nous délivrerait de ces hommes! l'orgueil n'est plus notre ennemi; la société ne porte plus les conséquences de la chûte; son objet n'est plus de reconduire les âmes réparées à Dieu.

La révolution se fit.

Le peuple, en Février, fut tout ravi d'entendre tant d'éloquence, et, peu après, tout surpris de ce que le pain ne venait pas. Il se montrait, on le flattait; il murmurait, on lui parlait d'une souveraineté éternelle. C'était une destinée de rois! La nature allait le servir; ceux qui en avaient fermé les clefs devaient être liés à son char.

Cependant la misère demanda son entrevue; là finit la lune de miel.

Vous deviez, incontinent, rendre tout ce peuple heureux. Et par malheur, sa misère sera égale au capital dévoré! Vous couriez prendre en main la politique d'une nation, et vous ne connaissiez même pas sa situation économique!

Vous avez dit l'homme libre, sans dire comment il le devient; vous avez dit les hommes égaux, sans dire devant qui ils l'étaient; enfin vous les avez dit malheureux, sans dire comment cela se faisait. Il vous réclame donc, l'homme, sa liberté, son égalité et sa félicité. Ce peuple, enfin, ne vous demande aujourd'hui que la logique, comment la lui refuserez-vous!

Vous avez détaché la politique de la morale, et puis la morale de Dieu; vous avez détaché la richesse de la vertu, et puis la vertu de la Foi; à quoi les rattacherez vous? Vous disiez à la foule souffrante que des hommes pouvaient la soulager, et qu'ils ne le voulaient pas. Cette foule, encore une fois, ne vous demande que la logique, comment la lui refuserez-vous!

En seriez-vous embarrassés? Remettez-vous, depuis longtemps vos doctrines sont mères, et toute la portée est vivante....

XIX.

Une plume suffisamment éloquente a commencé un livre ainsi : *Qu'est-ce que la propriété ? c'est le vol.* Par quel principe fut-elle tenue de vos cœurs que vous ne sûtes pas répondre !

Depuis sept ans, pas un économiste parmi vous n'a commencé ainsi un livre : *Qu'est-ce que le communisme ? c'est le vol.* Vous avez dénoué tout principe divin, vous chercherez votre légitimité sur la terre !

Rousseau conduisit dans une formule toute la pensée de son temps; alors il eut la logique pour lui. Et le *Contrat Social* arrivant sur le terrain avec son impossibilité pratique, produisit 93.

Vous méritez un 93 économique; c'est votre corruption

qui le dit. Vous n'êtes pas capables de l'éviter; c'est moi qui ose l'ajouter!

Aujourd'hui les Communistes ont la logique pour eux. Ils n'ont dit que deux choses.

Ils ont dit : L'homme est ici-bas pour jouir. Trouvez dans votre morale le principe qui doit les confondre!

Ils ont dit : Le capital nous fut donné par la nature. Cherchez dans l'agiotage l'argument qui doit leur répondre!

Vous n'en avez plus le temps... Ces deux paroles portent la Révolution.

L'homme est ici-bas pour jouir : Eh bien! entre jouir et souffrir, entre le riche et le pauvre qui établit la différence, si ce n'est le capital! *La richesse est donnée par la nature* : Eh bien! tous les hommes n'ont-ils pas un égal droit au sol en naissant, comme à la lumière et à l'air!

Prouvez donc en ce moment que, dépôt sacré de la vertu de nos pères, la terre végétale est un produit épargné! Prouvez donc que le christianisme donna la vérité sur l'homme en disant qu'il n'est point ici pour jouir! — On n'aurait même pas le temps de vous le prouver à vous-mêmes!

La misère compte les heures, ses béliers sont contre vos portes... Et ce champ de mes pères que j'ai remué de mes propres mains, ce champ qui renferme leurs cendres et pour la fertilité duquel je voudrais ajouter mon sang, portera ce jour comme le vôtre... Après la main de la misère, le pied peut-être de l'étranger : c'est vous que j'en remercierai!!

Déjà vous avez entendu la voix d'Attila, ses hordes ne peuvent tarder....... Il ne faut pas tant de choses pour ouvrir une révolution; il suffit d'un mot bien clair. Les hommes sont tous malheureux : dites leur qu'il y a des hommes parmi eux qui en sont cause.

L'explication chrétienne étant fausse, vous ferez approcher la vôtre !

Le livre que je viens de nommer est en ce moment le livre le plus fort de France. Il a tout un siècle et toute votre logique pour lui. La véritable erreur est simple, elle est comme la vérité. Ce livre a la véritable erreur ! Un mot aussi peut la détruire. Mais il faudrait changer de principe ; c'est ce que vous ne pouvez pas.

Cet homme est plus fort que vous tous : il est votre dernière conséquence ! Cet homme enfin que vous anathématisez, c'est vous-même : vous en religion et en morale. Seulement vous ne preniez pas la peine d'aller jusqu'à l'économique. Mais cet esprit logique et franc a besoin d'arriver au fait.

Vous avez créé le point de vue humain, c'est lui qui vous y fait entrer !

Si le genre humain doit passer ses jours sur la terre pour travailler comme depuis le commencement ; si les lois et les gouvernements ne peuvent assurer du pain ; si tout homme peut éternellement voir sa famille exposée à périr, Dieu est le génie du mal ! Et, puisque sur la foi de Voltaire, il ne faut plus croire à la chute, puisqu'au commencement le mal ne sortit pas de l'homme, il est clair qu'il sortit de Dieu. Remerciez donc celui qui sait exprimer la pensée qui restait au fond de vos cœurs !

Non, ce n'est plus le MÉRITE qui est la loi de l'homme, c'est l'Egalité. Hors du point de vue divin, où serait en effet le mérite ?

Au point de vue de l'homme, l'Egalité est de justice parfaite. La liberté même, mère du mérite, doit disparaître : elle est la source de toute l'inégalité.

Déjà n'a-t-on pas annoncé que la liberté doit être sacrifiée aux besoins; c'est-à-dire, que l'âme doit être sacrifiée au corps?

Si les hommes ont ici-bas tous les droits, c'est la Société qui contracte tous les devoirs. S'ils sont égaux devant le droit, ils sont égaux devant le pain. Vos revolutions politiques, qui donnent des titres dans un livre, sont très-bien pour des légistes; la foule, qui porte la faim, arrive votre principe à la main, sur un point plus substantiel. Du droit à la possibilité la conséquence est bonne.

Lui-même vous en a prévenu : Le socialisme a fait la révolution de Février, vos querelles parlementaires n'eussent pas ébranlé les masses. Alors vous avez ri. Il vous pria simplement de ne pas rire aujourd'hui de ce qui vous tuera demain.

Oui, je ne veux que cet homme pour achever le 18e siècle, et entraîner maintenant toute la masse de l'erreur! Il vous a dit que Février était la liquidation de l'ancienne société, il a dit vrai : la liquidation du 18e siècle est ouverte aujourd'hui... (1)

Je ne connais aucun de vos économistes, aucun de vos jurisconsultes qui puissent répondre au livre que je viens de nommer; je ne connais que Moïse. L'auteur du *Enim homo non erat qui operaretur terram* conçut toute la notion de la liberté; il est vrai qu'il connaissait la notion de la création!

(1) On ne peut comprendre encore le service que cette logique vient de rendre. Dès aujourd'hui, l'incrédulité est arrêtée. Les honnêtes, les bourgeois, les sceptiques, tous les fils de Voltaire ne peuvent faire un pas de plus, ils toucheraient cet homme... Dès à présent, ils reviendront en silence sur leurs pas.

XX.

Les hommes ont cru que le christianisme était faux ; ils ont puisé toutes leurs opinions en eux mêmes. Ils ont dit, l'homme naît bon ; ils ont dit, il est ici-bas pour jouir ; ils ont dit, la richesse est toute faite ; ils ont dit, tous y ont un égal droit ; ils ont dit, il faut égalité de salaire : et l'on ouvrit les ateliers nationaux.

Qu'a fait l'homme ? Il a fait comme le sauvage, il s'est couché .. déclarant que c'est, non pas à la nature, mais à la société de le nourrir. Que la mesure eût été générale, le pain manquant, il eût fallu comme dans l'antiquité forcer les bras au travail ; puis, l'homme s'enivrant jusqu'à extinction de salaire, retenir sur le tribut pour refonder le capital. Et nous y sommes en plein... Ou le christianisme ou l'esclavage.

L'absence de lumières économiques véritables fait faire en ce moment d'énormes sottises en France. Les décrets et principes qui ont porté atteinte au capital, à la propriété et à la loi des contrats détruiront en secret le travail. Je pose cette question : Qui osera maintenant fonder une industrie en France ? On a pris en tout le rebours de la doctrine sur laquelle s'est établi ce grand Etat.

Quant à l'agriculture, on sent qu'une menace pèse sur le capital que renferme le sol. Tout propriétaire de France va faire ce raisonnement triste : Comme le gouvernement de Juillet était menacé par ce qu'on appelait la République, qui l'a enfin renversé ; de même la République est menacée par ce qu'on appelle le Communisme, qui un jour la renversera. La société d'un point à l'autre sera mise en question. Irai-je ajouter mes épargnes à un champ qui peut m'être un temps retiré ?

Tout capital au soleil s'amoindrira ; c'est-à-dire, que *le sol de la France diminuera...*

Le seul fait de cette crainte est une calamité publique. La nature en restera frappée comme d'un fléau. Il va tenir le capital stagnant en France pendant plusieurs années ; promener conséquemment autour de la population existante le fer tranchant de la misère pendant tout ce laps de temps. Réfléchit-on à l'inextensibilité du capital sur une population dont l'élan est d'un million d'âmes tous les cinq ans !

Et tout en même temps vous vouliez la guerre ; vous vouliez augmenter l'impôt ; vous vouliez en secourir la production du luxe ; vous vouliez décimer la propriété, qui soutient le capital ; vous parliez même de le miner de plusieurs milliards de papier hypothécaire ! ce qui prouve que vous ignorez bien tout.

Le papier hypothécaire ? c'est-à-dire, au sein de notre paupérisme, créer le moyen de manger deux ou trois milliards de plus au capital ! Mais, qui êtes-vous ?

Songez-vous que la France est sortie des assignats, qu'elle a fourni les guerres de l'Empire, soldé deux fois la rançon de l'étranger, remboursé le milliard d'indemnité, et qu'ajoutant sept fois ces deux dernières sommes, elle paye en ce moment de sa misère le déficit du capital industriel ! Payer, payer, n'habitue pas celui qui paye, mais le détruit.

Malgré ses 12 milliards de dettes intestines, malgré les 15 milliards que le commerce lui a dévorés, malgré la dépréciation qui mine les 47 à 50 milliards qui lui restent, malgré les 2 milliards d'impôts qui nous frappent, il n'existe plus en ce moment que le sol. Ce sol est le lambeau de la France, sur lequel nous tâchons de nous tenir encore debout...

Et vous voulez le déchirer !

Le moyen est en vos mains. Ce n'est pas l'invasion que redoute le plus la France, l'étranger n'emporte pas le sol ; ce n'est pas la guerre civile, elle tue deux cents fois moins d'hommes par an que la misère. Ce moyen c'est d'annuler le sol lui-même en étouffant la propriété : soit en la jetant sous le scellé de l'hypothèque, soit en la paralysant par l'impôt.

Le jour où le sol, lequel n'est que la propriété cultivée, ou la propriété, laquelle n'est que le sol créé et conservé, sera livré à ceux qui ne l'ont point enfanté, vous ouirez de nouveau la demande de la marâtre au tribunal de Salomon !

Hommes de l'illusion, voulez-vous savoir comment on le cultivera ? Toisez l'ouvrage des chantiers nationaux.

Voulez-vous savoir comment on le moissonnera ? Ouvrez les réglements des moissons chez les esclaves affranchis.

Voulez-vous savoir comment on consommera ? Examinez quelle tempérance accepta vos bons de viande et de vin des premiers jours.

Par l'impôt, par l'emprunt, par l'hypothèque, par tout pillage légal touchez à la propriété, et vous aurez détruit l'impôt. Êtes-vous comme des enfants ? Par qui le faites-vous payer ? Qui vous prépare cet excédant sur ses besoins ? Où saisirez-vous celui qui, ne faisant pas d'épargne, n'offrira aucun capital ? Vous glisserez à l'entrée de sa bouche, dans son vin, dans sa viande, à la fenêtre qu'il ouvre, au cuir qu'il met à ses pieds ?

Tout déplacement de richesse est une perte de richesse. Je parle à quiconque a vu. Que par des lois comme j'en sais, on déplace le tiers du capital de la France pour élever le niveau ailleurs, avant trois ans la population s'écroulera de huit millions d'hommes. Vos économistes viendront après la consoler !

Il est une chose dont je me suis persuadé, mais dont ne pourront se convaincre que par une suite d'expériences ceux qui ne l'ont pas depuis longtemps observée. C'est que, ce monde pris en bloc, toutes les Familles qui en ont conduit les affaires et tenu la civilisation, familles princières, militaires, savantes, propriétaires et rurales étaient au fond les meilleures du genre humain.

Il a bien fallu que toute famille ait commencé ! ainsi toute classe et toute nation.

Non seulement les autres familles admises en masse à la position des premières eussent tout dévoré, mais elles n'eussent rien créé, et eussent elles-mêmes disparu de la terre. Pourquoi reste-t-il encore une moitié du globe dans la barbarie ?

Je crains qu'un déplacement universel en Europe, ne soit que le renversement européen. Des changements ? beaucoup dans les cœurs, peu encore dans les choses. On semble penser le contraire : on essaiera. Mais comme l'orgueil se trouve l'instigateur, plutôt que le sentiment chrétien, on s'ouvrira de longs repentirs.

Ce monde n'est pas à priori ; mais bien la suite de la chûte... De là la profondeur du proverbe : le mieux est l'ennemi du bien.

De là l'erreur et la douleur du grand poëte. Il s'attendait à trouver dans tous les hommes des sentiments qui n'y sont pas.

XXI.

Les nations n'ont eu au fond qu'un soin, celui de protéger la grande industrie du Capital. Selon qu'elles y ont réussi par ce qu'on a nommé les progrès de la législation, elles se sont élevées. Leur développement fut partout celui de la propriété. Pourquoi, contrairement à la pratique du monde, tous vos soins visent-ils à l'offenser !

Tout ce que nous avons dit du capital, il faut le dire de la propriété, sur laquelle il repose, dans laquelle il est recueilli. Avant la propriété, il n'existe point de capital. Parmi nous, hors de la propriété, le capital s'évanouit. Et vous le savez, sans le capital, plus de travail, plus de liberté, plus de science, plus de civilisation humaine.

Le capital n'est pas comme un tout qui peut se défendre. Ce n'est pas un Océan qui reprend à tout instant ses flots. Le capital est comme la goutte de rosée formée sur chaque fleur, au pied de chaque plante. Disséminée sur tant de points, chacune de ses parcelles sacrées a besoin d'un défenseur. C'est le propriétaire. Devenu un avec le capital, il l'entretient de sa propre vie.

Porté sur les bras du travail, son père, allaité sur le sein de la prévoyance, sa mère, ce fils de l'homme grandit. La famille le conserve comme son propre sang, elle le transmet comme son hérédité même. Arrachez l'enfant à sa mère pour le remettre à l'étrangère, si vous voulez confier la propriété à celui de qui elle n'est point issue.

Le terme de l'ordre économique est la propriété, fixation du capital. Longtemps encore la liberté, source de l'inéganité humaine, en laissera couler le flot par le salaire, capital non assis. Au lieu d'atténuer la propriété, travaillez à l'accroître et à l'étendre. Il faut que chaque homme forme autour de lui cet atterrissement de la vertu.

Le capital est un fluide, la propriété est le vase qui le contient. Attaquer la propriété c'est donner un coup sur le vase et voir le fluide social répandu sur les sables.

Pour en donner à tous, il ne faut pas briser le vase, mais l'agrandir. Loin de répandre le capital, il faut le recueillir encore par l'épargne ; loin de lui ouvrir la porte de la jouissance, il faut la lui fermer par la vertu.

Quand le capital sera plus grand, un plus grand nombre en jouira ; partout il escortera le travail. Le partage du capital en ce jour ne ferait que quelques pauvres de plus. Le déplacement de la propriété précipiterait le capital dans les canaux qui ne l'ont point recueilli et conduit jusqu'à nous.

Si l'on distribuait au travail le milliard et demi environ de la rente et du profit revenant aux entrepreneurs et propriétaires de France, la quote-part de chaque ouvrier pourrait s'élever de 12 centimes. Mais ce fait anéantirait d'un coup le capital d'approvisionnement, et suspendrait toute entreprise pour entrer dans l'année suivante.

Régler les salaires sur les besoins serait une chose si belle que ce serait toucher le but. La vertu seule a ce pouvoir.

Malheureusement les besoins de l'homme dépassent deux ou trois fois tout salaire. Si le maître dans l'antiquité, puis le seigneur, enfin le propriétaire n'eussent pas été un obstacle à la totale répartition des produits, il n'y aurait pas un pouce cube de capital sur la terre !

Le capital a commencé le jour où quelques hommes, ayant satisfait leurs besoins, ont eu la possibilité d'épargner. Si l'inégalité ne fût surgie immédiatement parmi les homces, les besoins eussent éternellement étanché les produits; ce Capital précieux, qui doit un jour nous rapprocher de l'égalité, ne serait pas encore fondé.

Le capital suit la loi de l'irrigation. La comparaison est frappante. Une faible source sort de terre, le filet d'eau est constamment absorbé par les trois ou quatre mètres de surface qui l'entourent. Creusez un bassin pour le recevoir, et son flot court arroser huit ou dix mille mètres de sol. L'eau revenant au réservoir, l'opération recommence. Que le pré eût demandé la destruction du bassin qui retient ses eaux, et trois ou quatre mètres pourris sous les joncs remplaceraient la fécondité d'un hectare. La propriété est le réservoir du capital.

Chez les sauvages, où règne une égalité inflexible devant la nature, le chef tout seul ne parvint pas à constituer un capital pour commencer une nation. Le capital fut le noyau de tout empire. Les premiers Rois ont été des hommes forts possédant un capital. C'est en rompant l'Egalité que la société naquit; et l'homme entra dans la voie du mérite. Alors, il trouva l'équité.

C'est pourquoi la charité est la dernière loi de la terre.

Pour protéger le travail, protégez plus que jamais le capital. A mesure que le levier sera plus long, le bras aura plus de puissance. Ceux qui veulent qu'on sacrifie le capital au travail compatissent aujourd'hui à sa douleur, et le sapent pour demain. Au total, c'est le capitaliste qui abuse le moins du capital : c'est lui jusqu'à ce jour qui l'a formé... Le travailleur en abuserait bien davantage : c'est lui jusqu'à ce jour qui l'a consommé... Les classes restent, les hommes qui les composent changent continuellement; elles s'entretiennent sans cesse de ce qu'elles sont. La Société n'est que le tourbillon des mérites.

Le capital fait la valeur du travail. Par la simplicité de vos mœurs attirez le capital sur la production nécessaire, chassez-le peu à peu de la production superflue, là est le soulagement du peuple.

Qu'on retourne tant qu'on le voudra la question de l'amélioration du plus grand nombre, elle rentrera toujours dans cette première formule : l'accroissement du capital, c'est-à-dire de la propriété. Qu'on retourne tant qu'on le voudra la question de l'accroissement du capital, elle rentrera toujours dans cette seconde formule : épargnez-vous la jouissance, soit par une plus grande production de travail, soit par une moindre consommation de son produit.

Ce sont deux vérités universelles comme les nations, éternelles comme la morale qui fait leur loi. Si ceux qui veulent gouverner les peuples sont des Sages, ils les dirigeront dans la voie qu'a tracée le genre humain. Quoiqu'ils disent, le genre humain est un être sobre, puisqu'il a été déposé sur la terre, et puisqu'il y a laissé tout ce que nous possédons aujourd'hui.

La pensée que le plus grand nombre des hommes souffre a fait croire qu'il y avait une répartition avare. Car beaucoup ignoraient la quotité de la richesse ; ils la croyaient le don établi d'une nature inépuisable. C'est ici que vient la statistique, terrible chiffre de la morale. Il n'y a pour l'homme sur la terre que les biens que sa vertu lui a remis ; tout individu se trouve pris dans cette loi.

S'il fallait répartir la richesse non plus selon la justice, mais, comme on l'a demandé, selon les besoins, toute la richesse actuelle, et sa racine le capital, serait étanchée ; dans quelques mois la population mourrait de faim.

La somme du revenu des quatre États les plus riches de l'Europe ne suffirait pas à satisfaire tous les besoins qui sont en France. Ils ne donneraient à chacun de nous que 800 francs de rente. Or je ne sache pas un célibataire ayant à dépenser cette somme, c'est-à-dire. 2 fr. 20 c. par jour, qui croie tous ses besoins satisfaits.

Les économistes nouveaux ont cru qu'ils allaient enrichir tous les hommes en décrétant une augmentation de salaire. C'est une augmentation de capital qu'il fallait pouvoir décréter. Le tarif des salaires est fait par une loi plus forte que les gouvernements, la loi de la nature des choses. Un gouvernement ne peut pas plus décréter le prix du travail que le prix du grain, du vin, de la laine, du fer.

Décréter le prix d'une chose serait décréter les frais avec lesquels on la produit. Le prix d'un objet est le prix du capital, du travail et du talent, employés à le créer. Un accroissement de salaire ne peut venir que d'un accroissement de capital. Sinon l'accroissement du salaire n'aurait lieu que par une diminution de capital, laquelle amènerait peu après une diminution de salaire.

Ceux dont l'erreur vient de faire manger du capital au peuple, lui ont fait un mal qu'ils ne savent pas. Il ne faut pas payer les ouvriers avec le capital ; un capital détruit, c'est une force détruite. Ainsi, décréter une augmentation générale des salaires, c'est décréter une diminution générale des travailleurs. Mais je prévois bien autre chose ! au lieu du bonheur d'augmenter le salaire, on le diminuera encore en augmentant les impôts.

Enlever une somme de plus à chaque propriétaire en France, c'est assigner le travail de moins qu'il pourra faire exécuter. A Paris, les Financiers savent peu comment le capital se ramasse. Le milliard et demi que l'impôt prélevait déjà, était précisément un milliard et demi tout liquide qui allait s'ajouter à la somme qui pouvait se capitaliser en France après les plus urgents besoins arrêtés.

Toute augmentation d'impôt équivaut à une diminution de salaire. Non-seulement l'impôt absorbe une portion du revenu public, mais par le fait il s'empare du capital correspondant à ce revenu ; il le détruit par cette aliénation irréparable. Le budget, c'est juste autant d'enlevé au capital du peuple. Il semble frapper le propriétaire et le capitaliste ; en fait il atteint celui qui ne possède ni immeubles, ni capitaux, c'est à-dire le prolétaire.

300 millions d'impôt fournis par l'agriculture sont tout simplement 300 millions ajoutés au prix du pain, de la viande et de la laine consommés en France ; puis 300 millions enlevés au travail, qui aurait produit pour autant de pain, de viande et de laine à la population.

L'impôt a donc pour effet d'augmenter le prix des produits et de diminuer la quantité du travail. Augmenter le prix des produits, c'est ruiner les masses puisqu'elles sont au fond le grand consommateur ; diminuer la demande du travail, c'est amener la concurrence entre les ouvriers, c'est-à-dire une diminution de salaire.

Toute diminution d'impôt equivaut donc à une augmentation de salaire. Le fait économique est clair ; c'est ici que nous verrons si vraiment vous aimez le peuple !

Avant de nous donner par des mots la fraternité et la solidarité, vous commencerez par nous rendre la justice.

XXII.

Des hommes.

Vous quittez le Christianisme, et vous voulez conduire les peuples qu'il a formés. Vous n'êtes plus dans l'Évangile, et vous venez en forcer les applications. Vous saurez ce qui reste à faire pour que la République soit une vérité !

Voyez votre position ! vous allez être obligés partout d'admettre le principe, et partout obligés d'éviter les conséquences. Quel ouvrage ferez-vous ?

Quand on a pensé dans le faux, on ne peut retomber sur les pieds du vrai. La révolution que vous désiriez s'est ouverte : idées, principes, essais, problèmes, décrets, tout succombe à la première épreuve. On dirait que la société moderne accourue, est venue là se convaincre de son impuissance ? Non point ; mais de celles de vos idées. Pas un de vos mots qui en lui ne soit vrai ; pas un qui ne soit faux en touchant votre pensée !

Les hommes désirant d'ardeur la République étaient ceux qui, voyant l'homme perfectible, oubliaient en même temps l'Évangile. Les hommes la repoussant de crainte étaient ceux qui, sachant l'homme dépravé, sans croire le monde plus mal, en voyaient les difficultés. Les derniers, quoiqu'ils aient trouvé raison dans les faits, valent encore moins que les autres.

Les premiers ont du moins conservé le regard chrétien. Privés de la source de leur sagesse, ils seront présentement dominés par les hommes du fait. Le succès ne leur viendra qu'avec la Foi. Les seconds portent un cœur inaccessible à la candeur du vrai.

Ou des esprits qui ferment les yeux aux idées, ou des esprits qui ne les ouvrent qu'aux dehors ! Il ne reste à la pratique que fort peu d'hommes de bon sens en France. Si le point de vue moral leur échappe, ils voient au moins les faits sortis. Ils ne peuvent sauver la France ; ils peuvent empêcher de lui faire administrativement plus de mal.

Sauver la France ! ce n'est au pouvoir d'aucun homme en ce moment.

Un grand homme est même impossible aujourd'hui. Trouvez une absence d'anarchie dans les esprits sur un point ! L'éloquence est dans ceux qui écoutent ; où est la pensée qui les réunirait ? Est-elle dans la Démocratie ; est-elle dans la Bourgeoisie ? Dieu nous garde de l'ivresse préparée de l'une et de la corruption mortelle de l'autre.

Sauver la France ? Il faut trente ans de vertus pour rétablir d'abord le capital dévoré par soixante années de vices !

On a cru n'avoir qu'à frapper du pied le sol, et que des hommes en sortiraient ! Il s'agit bien de splendeur ; il s'agit de ne pas mourir. Si des hommes te sont donnés, ô France, ce ne sera point pour ta gloire, mais pour te secourir...

La République est le seul remède à la civilisation qui tombait. Elle ne laisse plus possible qu'une société dans le vrai. Il faudra conséquemment des choses et des hommes qui y soient. Que ceux qui ont demandé cette forme se doutent peu de leur demande !

Il est fâcheux pour la Démocratie, je le déclare, que son avénement politique coïncide avec la dernière saison du 18e siècle. La foule se trouve réellement plus incapable, qu'elle ne l'eut été en 1830, de s'ordonner dans une constitution républicaine. Nos vices arrivés sur elle, la refoulent dans une incapacité semblable à la nôtre. — A moins que la suppression subite de nos exemples ne lui permette de respirer la vérité....

Le peuple s'est présenté à cette révolution avec les instincts de la bourgeoisie ; c'est pourquoi il n'en jouira pas !

Vous qui pensiez tenir nos destinées entre vos mains, que de choses l'avenir va vous apprendre ! A tout instant vous croyez saisir le bout dans un triomphe du scrutin ou de l'épée. Bientôt vous reconnaîtrez si ce sont les folles idées des hommes, ou seulement les lois de Dieu qui conduisent les nations.

Toutes les questions ont été travesties dans votre pensée. Vous devez ne plus savoir vous-même par quel côté les retirer. Vous portiez un livre, et le texte en a passé dans une langue inconnue. Vos idées vous apportent l'effroi ; avouez que vous ne reconnaissez même plus votre propre conscience !

Dans la crise qui va s'ouvrir, des hommes qui nous administrent aujourd'hui aideront encore à administrer ; d'autres que l'on ignore apporteront leur dévouement : et Dieu veuille qu'ils se sentent à la fois toute la commisération et toute la force pour diriger en ce moment les hommes ! Mais quels qu'ils soient, qu'ils se rappellent bien ceci :

Dans la vie des Sociétés, comme dans celle de l'individu, TOUT CE QUI SE FAIT NON EN VUE DE DIEU EST PERDU.

Le bon sens doit dire que la loi de ce monde est suspendue à celle de l'autre.

XXIII.

On ne se plaindra pas de n'avoir pas changé les hommes; on ne se plaindra pas de n'avoir pas changé le gouvernement! Cependant, jamais la société et la prospérité ne furent vues plus en péril. Eh! que résulte-t-il donc? c'est que ce sont nos mœurs, non nos lois et nos pouvoirs, qu'il fallait d'abord changer. Vos lois, votre pouvoir, c'est vous-mêmes; c'est ce que vous ne voulez point comprendre. La vanité de la France rejette le mal sur toutes ses institutions. Vaste hypocrisie qui cache un déni de vertu. Réformez-vous, et le pouvoir, toujours vôtre, portera dans les affaires les vertus que vous aurez.

Qu'on est simple en France! On accusait les gouvernements comme produisant tous les maux. Sur cette idée une révolution se ramasse vite. Elle éclate, on érige le gouvernement nouveau comme devant produire tous les biens. Le lendemain on est frappé d'étonnement de ce que le mal est resté tel; enfin on ne revient plus de la surprise de voir les maux augmenter!

Les gouvernements ne produisaient pas tous les maux; c'était notre corruption. Les gouvernements nouveaux ne produiront pas tous les biens; ce sera notre vertu. Le monde ne se perd qu'en jetant sur autrui la faute. Hommes, hommes, quand saurez-vous qu'il n'y a que la vertu! Tous ces systèmes étaient pour croire qu'on pouvait prospérer sans elle.

N'appelez plus les pouvoirs, mais appelez-vous vous-mêmes. Si ce qu'on vous a fait penser arrivait, votre nature serait perdue. Si la loi se fait la morale, la morale n'est plus loi. Si le pouvoir montait là, il se mettrait à la place de vous-même. La question des révolutions est une question de conscience, et non d'agrandissement du droit écrit.

Aujourd'hui encore vous comptez beaucoup sur votre Constitution, eh bien comptez sur votre vertu !

Vous disent-ils le but des choses?

Le but de la loi morale n'est-il pas d'affranchir l'homme de la sujétion des sens pour le maintenir sous le règne de Dieu? Le but de la loi civile n'est-il pas d'affranchir l'individu de la sujétion de ses semblables pour qu'il puisse mettre ses actes en harmonie avec la loi morale? Enfin, le but de la loi politique n'est-il pas d'affranchir l'homme de toute coaction arbitraire du pouvoir dans l'accomplissement de ses libres déterminations intérieures?

Que dites-vous de ces esprits qui veulent toute faire passer la loi morale, religieuse et économique dans leur loi politique! Ils vous croient bons, et ils veulent tout mettre en loi. Il y a une chose qu'ils ne vous disent pas :

Quand les croyances existent, quand la morale gouverne chaque individu, il devient inutile à la loi politique de borner la liberté de chacun. Réciproquement, quand les croyances s'éteignent, il est impossible que la loi positive ne vienne pas remplacer la loi morale. Or, c'est là en quoi consiste l'oppression. Quand l'âme a perdu son régulateur, la société en impose un à l'action. L'obéissance complète à la loi morale rendrait l'usage de la force inutile : *Les crimes des hommes multiplient les princes*, a dit l'Écriture (1)

(1) Propter peccata terræ, multi principes ejus; propter sapientiam, vita ducis longior erit.

PROV. XXVIII, 2.

Ils ne savent ni d'où vient la nécessité de la force sur la terre, ni comment elle s'en ira. Ils ne savent même pas comment on sortit de l'antiquité. La preuve, c'est qu'ils vous y ramènent en plein sans que vous le sachiez, et sans qu'ils le sachent eux-mêmes. Que sauraient-ils de la Société, ils ne savent point ce qui est de l'homme. Et que sauraient-ils de l'homme, ils ne tiennent plus compte de Dieu.

L'homme ne vient pas de ce monde. La théologie est la première des sciences politiques.

Ils ne connaissent ni la théologie, qui est la science du divin; ni la sagesse, qui est la science du juste; ni l'histoire, qui est la science du possible. Or, comme l'homme se forme à la fois du divin, du juste et du possible, ils ne savent rien de l'homme.

Et comme l'ontologie, ou le divin, n'est que la loi prise à sa source; comme la sagesse, ou le juste, n'est que la loi en tant qu'elle entre dans notre âme; comme l'histoire, ou l'expérience, n'est que la loi en ce qu'elle mesure de praticable au présent; ignorant ces trois choses, ils ne peuvent rien pour l'homme.

Alors ils outrent ou renient le passé.

Le Passé c'est le Possible. Possible mesuré à la nature humaine. L'avenir ne la dépassera pas.

Mais se doutent-ils de tout ce que fait la Société? Savent-ils qu'elle se compose précisément des seuls moyens de conduire l'homme dans l'avenir dont leur faible esprit n'avorte que parce qu'il conçut loin du vrai?

Les hommes qui n'ont pas la Foi ne possèdent plus les grands principes que d'une façon littéraire. Ils mettent leur imagination sur le devant, à la place de leur âme. Ne trouvant plus la grandeur en soi-même, on la puise à des souvenirs d'érudition. Ainsi on marche savamment de ridicule en ridicule ; avançant au milieu des faits comme un mort au sein des vivants. On est étonné, ensuite, d'avoir travaillé toute sa vie et de n'avoir pu laisser une idée ou un fait après soi (1).

Gouverner est, en définitive, l'art de conduire tous les hommes à la vertu. La science n'est faite que pour éviter les faux pas. Et si ceux qui gouvernent n'ont pas l'âme dans le bien, ils se perdent dans leur science.

Manquer de science et être bon ne suffit pas pour gouverner. Mais ne pas avoir la vertu, c'est manquer même de science. Qui a toujours visé au bien sait où il faut lancer les lois.

Les faits ne sont vus que de celui qui les explique. Tous se rattachent à l'infini. Les uns de près, les autres d'un peu plus loin. Celui qui ne s'en est pas aperçu ne peut rien pour les choses humaines. Les hommes ont su ramer avant Colomb, ils n'allaient point au Nouveau-Monde.

Les hommes de faits manquent aujourd'hui, parce que les hommes de haute théorie manquent. Et la théorie manque parce que les consciences se sont refusées à observer les grands faits. Les croyances n'étaient plus sur le haut de l'esprit, le balancier frappait constamment à terre.

Napoléon succomba parce qu'il ne voyait que les faits : il a péri par les idées. Les principes de la Révolution, dont il n'a pas tenu compte, l'ont tué. Aujourd'hui, c'est le contraire. Pendant ces trente dernières années les idées se sont démesurément accrues, mais de la propre filature de l'esprit, et sans tenir d'aucune réalité.

(1) Sauf nos hommes de génie, telle l'histoire des hommes d'état, des publicistes et des littérateurs de la France. La Renaissance les aveugle à la suite des rois. A leur tour ils aveuglent la foule présente.

A force de les tirer à lui, l'homme les a détachés de leur cause. Le fait n'est rien sans la théorie, la théorie rien sans le fait ; l'homme d'Etat ne peut être sans l'une et sans l'autre.

Mais des faits éclateront ; les hommes demeurés au bas les verront, et ceux dont le regard vient de plus haut les pourront suivre jusqu'à terre. La vérité nous trouvera....

XXIV.

Quelques jours après cette Révolution, on entendit en France ce cri qu'aucun peuple n'avait proféré jusqu'alors, ce cri sorti de l'aveu des partis : *Nous manquons d'hommes !* Un pays qui perd sa Foi et son Capital devait manquer de grands esprits.

Où se seraient formés les hommes d'Etat ? Il y a eu dégradation successive dans l'état des études aux diverses époques françaises. Voici l'enchaînement extérieur des faits : ordre intelligible, ordre moral, ordre économique ou politique : dogmes, croyances, opinions. Ainsi construit l'histoire, ainsi se fait la société.

Or, au 14e siècle, l'ordre intelligible, dont le christianisme n'est que la formule, formait la base des études. Conséquemment le point de départ était la théologie. De là, on passait à la morale, ou ce qu'on appelle maintenant la philosophie. L'économie politique n'était qu'un résultat des notions précédentes. L'ordre économique existait quoique la science n'en fut pas faite. La science manquait précisément parce qu'on n'en sentait pas le besoin. Tout en proportion de l'homme découlait des principes premiers. — C'était l'époque des hommes-d'Etat : Suger, d'Amboise, l'Hopital, Sully, Richelieu, etc.

Vers le 16e siècle, au lieu de débuter par la théologie, on s'est immédiatement placé à l'étude de la raison de l'homme. Toutes les lumières résultant de la science qui la précède étaient donc déjà perdues. A cette etude, on joignit comme précédemment la connaissance des choses physiques. Les sciences prirent alors toute la place des idées primitives. Une décadence en résulta : de ce que la science ne contient que ce qu'il y a dans l'esprit humain.—Ce fut l'époque des Philosophes : Bacon, Descartes, Montaigne, Voltaire, etc.

Au 18e siècle, au lieu de débuter et par la theologie et par la morale, on s'est immédiatement placé, par un experimentalisme exagéré, dans l'ordre des choses physiques. Le point de vue de l'esprit humain s'abaissa encore. L'horizon fut renfermé dans l'ordre du visible, la pratique de la vie dans la sphere des sens.—Ce fut l'époque des Parlementaires : Montesquieu, Filanghieri, Condorcet, Benjamin-Constant, etc.

Les hommes d'Etat ne peuvent avoir qu'une science limitée comme les études mêmes qui les ont formés. Il a dû y avoir dans le développement de leur intelligence une dégradation analogue à celle que nous venons de remarquer.

Ceux qui correspondent à la première époque citée, devaient diriger l'humanité, non plus exclusivement au point de vue de la vie matérielle ou purement intellectuelle, mais au point de vue de la vie réellement spirituelle. C'est-à-dire que dans la société, ils subordonnaient le physique au moral, et le moral au divin.

Ceux qui correspondent à la deuxième époque ont dû, par la même raison, subordonner encore le physique au moral. Mais ici le moral n'a dû avoir aucune base qu'on pût justifier métaphysiquement. De là le commencement d'un ébranlement général dans les croyances, dans les idées, et dans la vie.

Ceux qui correspondent à la dernière époque ne sont plus des hommes d'Etat formés, comme d'abord, à la Sorbonne, comme ensuite, à Port-Royal, mais à l'Ecole Polytechnique, et enfin dans les bureaux du Journalisme. Par suite de cette dégradation successive des études, quelles peuvent être les idées et l'aptitude des hommes d'Etat actuels ?

L'expérimentalisme n'est qu'un retour à l'ignorance.

Au dialogue de Glocon, dans le troisième livre de Xénophon, Socrate prouve que pour gouverner il faut plus que la science des choses physiques, plus que la science de l'homme, mais la science de Dieu. Chez nous, c'est la seule qu'on méprise. Après dix-huit siècles de christianisme, on est obligé de répéter les leçons que Socrate donnait au jeune Alcibiade !

Suivre l'homme dans ses actes, ce n'est point encore le connaître. En tous cas, c'est n'avoir vu de son être que ce qui en a passé au dehors. Il faut le considérer plus avant, le prendre à l'essence même dont il émane. La théologie est la source d'une psychologie réelle. Toute économique devoutera en proportion de la morale.

Plus l'âme est dégagée des éléments extérieurs qui concourent à son développement, plus elle est prise dans l'élément sacré qui la forme, mieux on voit toute la portée de ses lois, mieux on sait le sens de leur application, mieux on prévoit les obstacles dont on doit la délivrer. La morale n'est que la connaissance de la direction divine ; la politique, que l'appréciation pratique de la direction morale.

Quand l'âme connaît son essence, elle connaît son état primitif et son état futur. Cette haute science, qui est celle de la perfection, est ce qu'on nomme la sagesse. La pratique n'est que l'application de la sagesse. Entrez-vous dans la politique, sa voie y est toute indiquée : celui qui sait l'homme dans son essence et non pas dans ses conditions extérieures, sait qu'il doit le perfectionner, non dans ces choses extérieures, mais dans ce principe essentiel et sacré qui remonte à son idéal.

Que faites-vous donc sur la terre ! Serait-ce pour quitter son âme que l'homme entre dans la société ? Gouverner peut-il être autre chose que l'art de rendre les hommes vertueux. Comment le premier titre d'un homme d'Etat serait-il de mépriser toutes les sciences qui traitent de l'âme, pour montrer ses chiffres plus forts dans celles qui traitent des choses !

Car enfin, il faut qu'on sache le but de ces choses, et en quoi consiste ce mieux que cherche la société, soit dans ces choses, soit dans ses lois, soit dans la paix, soit dans la guerre de tant de révolutions. Ce mieux, n'est-ce pas la réalisation de plus en plus parfaite de sa loi ; cette loi, n'est-ce pas ce qui est le plus conforme au principe de perfection de notre âme ; et ce principe, ce qui est le plus conforme à la nature divine, d'où elle vient ?.... et, où elle ira.

Vous avez cru conduire les hommes ; vous campiez dans votre pensée, ils en sont déjà partis....

C'est toujours par une vertu qu'on mène les peuples. Votre éducation du 18e siècle vous laisse inapte pour ces temps. Vous admirez Napoléon, et ne voyez en quoi il fut grand. Vous vous dites des hommes d'expérience, et le possible vous échappe ; c'est précisément la pratique qui vous manque. Elle découle de plus haut que vous ne la prenez. Que direz-vous quand successivement vous verrez tous les faits vous éclater entre les mains!

Ce qui fit le plus votre orgueil tombera : ce que vous avez le plus méprisé régnera....

XXV.

On compte toujours sur la nature humaine à priori. Voilà ce qui résulte de ne l'étudier que sur des livres fondés par l'homme. Il faut voir qu'à côté du bien, qui est à faire, il y a le mal, qui est tout fait. C'est trahir l'humanité que de la laisser telle livrer le duel sur un terrain social libre. Voilà six mille ans qu'elle ne s'élève qu'à force d'étais et par tous les préservatifs sociaux. Vouloir les lui ôter à la fois, c'est vouloir la faire écrouler.

Je me trompe étrangement, ou voici ce qui arrivera d'une semblable révolution. Les uns lui voient de prodigieuses conséquences politiques, d'autres de vastes applications sociales ; je lui vois une conséquence théologique très-simple : les faits vont se charger de prouver la Chûte de l'homme.

Le reste pourra venir après.

Partout essai, partout le mal. Ici la loi pure, là son anéantissement. L'homme dressé perpendiculairement à sa pensée sur le droit, renversement de sa nature sur les faits. On ne va pas longtemps ainsi. A côté du bien, il faudra reconnaître le mal dans la nature humaine. On sentira qu'il faut aider l'un et le protéger ; contenir l'autre et le détruire. Alors on comprendra tout ce que c'est que la Société!... Alors seulement des esprits dans le vrai, alors des conséquences politiques de haute portée, alors des applications économiques admirables, alors le progrès vers les suprêmes destinées.

J'attends effectivement cette époque.

A ce point de la civilisation il faut la vérité intégrale. C'est surtout le complément qui est nécessaire, le principe est toujours posé.

Celui qui nie la vérité fait moins de mal aujourd'hui que celui qui la proclame à moitié. Il y a assez de bon sens en France pour voir la première erreur, pas assez de philosophie pour apercevoir la seconde. Or, les partis et les écoles en sont là. Mais les faits agiront pour nous.

Cette Révolution ne vient pas de tel ou tel événement, de telle ou telle publication, ni de l'état momentané des choses. Issue de trois siècles à la fois, elle naît du choc de l'extrémité du 18e siècle contre la tête du nôtre. Voilà pourquoi on verra monter à sa surface tant de dogmes profonds et de conséquences absurdes. Les premiers sont l'arbre chrétien dont dix-huit siècles font épanouir la fleur; les secondes sont les lèvres payennes qui s'avancent pour la brouter.

Il reste un grand fait de toute révolution. Elle dévore d'un coup l'erreur qui l'a produite, et laisse aussitôt passer l'idée retenue derrière elle. C'est l'histoire des Conciles; c'est celle de la Révolution française. Elle nous dota de nos améliorations dans l'ordre civil, politique, judiciaire et administratif; enfin elle trouva à doubler le nombre des propriétaires en France.

Or cette dernière révolution, comme je le dis, sera particulièrement une démonstration de la chûte. On verra que le mal est dans la nature humaine. Il faudra bien se demander d'où il vient.

Depuis cent ans on pensait qu'il venait de la Société. Elle

dépravait l'homme né bon, elle mettait les fers à l'être partout né libre. Sur cette idée on détruira la Société à fur et à mesure, pour laisser reparaître l'homme : on le trouvera pire ! C'est alors qu'on interrogera de nouveau le mystère de la liberté ; on verra quel est son germe, et comment il doit être planté pour croître. Il faut que les événements offrent table rase à l'erreur.

Puis en reprenant la Société, les hommes vont reconstruire pierre à pierre le christianisme sans le savoir. A la place de chaque erreur la nécessité nous obligera d'apporter un fait. Quand tous ces faits seront placés, il va se trouver qu'on aura institué le christianisme même ! Cette Révolution produira radicalement ce que tous les philosophes, tous les législateurs et les doctrinaires des deux espèces n'auraient jamais amené : le christianisme dans la vie publique. Nous touchons à une révolution dans les âmes comme il n'y en a pas eu depuis le christianisme. Nous allons enterrer tout ce qui a pris jour avec l'hérésie (1).

Les hommes ont pensé que le christianisme était faux ; ils vont d'eux-mêmes le reconstruire. Ils y croiront, il naîtra de l'expérience ! Ce que nous avons refusé à nos âmes

(1) Déjà, pour son peu de durée, cette révolution a produit de grands effets. Ainsi que me l'écrivait un ami, il devient déjà moins difficile aux personnes qui ont la foi de vivre d'une manière chrétienne. La vie se montre moins sous l'apparence trompeuse du bonheur. Si, d'un côté, beaucoup de fortunes sont compromises d'un autre, beaucoup de personnes font provision de bonnes œuvres. Mais comme ce vieux siècle incrédule est impuissant, même à mourir. On se donnerait à un despote pour obtenir ce qu'on nomme la paix. Mais si l'on revenait perpétuer ce triste règne d'incrédulité, les hommes oublieraient bientôt ces maux et la leçon ne profiterait pas à la France. Elle a besoin de savoir que la foi en Dieu et la pratique des vertus soutiennent seules le monde.

nous l'accorderons à nos yeux. Tout approche ; les Dogmes entrent dans l'action. Avant qu'il ne meure, un Roi exilé dira ces paroles : « Je n'ai commis qu'une faute dans mon « règne, c'est de n'avoir pas cru le christianisme aussi vrai « que je l'ai jugé sortable ! »

Nous touchons à la dernière bataille que le christianisme donnera. Vainqueur dans l'ordre religieux, vainqueur dans l'ordre moral et civil, et bientôt dans l'ordre politique, il va remporter sa dernière victoire dans l'ordre économique. L'antiquité nous étouffait ; sur ce point comme ailleurs le paganisme rongeait le peuple.

Je déclare un événement que l'on pourra vérifier :

La pratique ne reparaîtra qu'avec l'idée de la chute. Nos idées redeviendront applicables, on sera sur le terrain. Alors la démocratie s'ouvrira son véritable cours. Jusque-là, on ne tiendra que l'un des pôles, l'autre échappera toujours.

Il ne s'agit plus d'hommes d'État aujourd'hui. Le plus habile n'y pourrait rien. La foi des masses est la seule politique.

Servez Dieu, la République sera faite.

Vous qui demandez quand cette Révolution doit finir, ne portez pas les yeux au dehors. Ne regardez pas si la paix semble rentrer, le pouvoir se consolider : voyez si les esprits s'approchent de la Religion. Si classes riches et peuple en sont à la même distance, dites qu'il n'y a rien de fait ! Si leur scepticisme est le même, leur égoïsme seul en armes, dites que vous n'avez pas vu vos plus grands maux !... Cette révolution finira quand la Religion reviendra.

XXVI.

Pensez-vous qu'on ne voie pas ce qui se passe en ce moment chez les hommes? Ils voudraient se sauver sans Dieu : ils ont mis là leur point d'honneur! Dieu les laissera prendre toute la leçon que les événements contiennent....

Mais savent-ils ce qu'ils font?

Si la religion voyait encore diminuer son empire, la Société tomberait sous une tyrannie effroyable. Il faudrait que la loi entrât dans la conscience, pour diriger la volonté; dans la famille, pour y maintenir les mœurs; dans la propriété, pour commander l'économie. La loi irait étouffer l'homme jusque dans le sein de sa mère.

C'est la religion qui a sauvé la plus grande, la première liberté de la terre, la liberté de l'âme. Pourquoi courez-vous si vite au devant de tout ce qui peut vous l'ôter! Vous connaissez si peu la liberté que vous la cherchez encore sur le sol d'où elle fut constamment bannie. La politique ne doit être qu'une administration. En faire une direction, c'est rebâtir la tyrannie.

Il faut que la religion étende son empire sur l'homme, il faut que la politique diminue le sien : il faut que l'âme devienne de plus en plus libre. Toute autre marche des choses ne sera qu'une réaction, au lieu d'une action vers le but. Ce sera encore une époque à reprendre, une révolution de plus sur l'humanité. Vous n'avez qu'un bien sur la terre, et vous le laissez ravir!

Il est un fait contre lequel toutes les révolutions, tous les hommes, toutes les institutions élevées sur le sophisme viendront s'user, la religion. Si la force qui nous a créés et conservés se retirait des âmes, la société disparaîtrait. Si vous n'avez pas la foi, il faut le dire, et porter toute la question là. Mais voici ce que vous faites : Vous ne croyez pas, et vous essayez, sans le dire, de tirer vos institutions d'un terrain en dehors de la religion. En cela vous trompez le peuple. Je vous crois républicains, mais par l'esprit et d'une manière littéraire. Vous ne l'êtes point par le cœur, puisque vous quittez l'Evangile.

Quand la morale d'un peuple n'est point assurée, c'est une trahison de porter la question ailleurs. On ne fait qu'augmenter sa chûte. Il faudra toujours que nous retombions sur le niveau de nos mœurs. Les lois ne peuvent les précéder sans que leur exécution ne soit tyrannique et détestée. Voulez-vous remplacer la conscience par des arrêts ! Si la liberté pouvait être à tout instant prévenue, l'humanité perdrait son droit divin d'imputabilité. Si nous rentrions dans le mode des sociétés antiques, il n'y aurait rien de fait, nos dix-huit siècles seraient perdus.

Affaiblir un dogme c'est faire glisser la morale, descendre la nature humaine, ainsi que la Société. Méfiez-vous des hommes qui ne se mettent point en peine de votre intérêt éternel ; ils vous désoleront. N'ont aimé vraiment les hommes que ceux qui ont aimé Dieu. Les autres ont toujours fini par se les sacrifier.

Il n'y a que deux lois au monde. La loi de la nature, dans laquelle les espèces supérieures mangent les espèces inférieures : la loi divine, dans laquelle les êtres supérieurs secourent les êtres plus faibles. Vous prendrez toujours l'une ou l'autre. Si la loi de charité voit sa source tarie au cœur, la loi de l'animalité vous reprendra de vive force. En dehors du Christianisme, l'homme est toujours anthropophage.

Vous ne direz pas non, le siècle s'est constamment porté avec empressement du côté des doctrines qui semblaient expliquer tout sans religion. Ce ne sera point sa faute s'il en arrive autrement !

Comme on eût trouvé commode de se passer de la vertu ; de vivre au sein d'une police parfaite, où tous les vices bourgeois auraient été en paix chez eux ! Ne saurait-on se mettre en société sans Dieu ? Qu'on décrète la plus grande estime à son nom ; mais quel voisin incommode s'il faut qu'il se mêle de tout !

Le jeune siècle, sur ce point, a fait un pas sur le libéralisme de ses pères. Devant la Foi, il donnera signe d'une déférence historique. Mais dites qu'elle est la vérité sociale, il en sourit ; il sait trop bien qu'il n'y a là aucune puissance. Il est clair que quand on ne croit point, on ignore ce que c'est que la Foi ! Je ne connais aucun sacrifice trop coûteux pour arracher les âmes à cette position désastreuse.

Depuis vous, Dieu n'est plus le but du monde ! Et pourquoi l'a-t-il créé ? Un temps approche où votre pensée vous tuera. L'avenir tient la leçon prête. On a vu le mal dans la pensée, on a vu le mal dans l'action, or vous saurez ce qui suit... Souvent vous répétiez d'une façon littéraire et d'après l'antiquité, qu'il n'y eut jamais de société sans religion. Vous vous en convaincrez par le fait...

Je ne m'étonne plus de la voix répandue en ces temps ! Vous avez perdu la crainte de Dieu, vous aurez celle du pillage. Il faut bien vous traiter comme des enfants !

La noblesse ne fut jamais plus croyante que depuis 93. La bourgeoisie apparemment le deviendra après son 93 économique. Elle apprendra que le pain nous vient de la Foi.

Vous dites qu'on emploiera la force ! Je le sais bien ; le mal est toujours corrigé par le mal. Mais les canons de l'Europe et ses plus beaux gouvernements ne résoudront pas la question. — Pour le moment que faire? — Revenir à la vertu. — La vertu donne-t-elle du pain ce soir? — Votre système vous en refusera demain, après, et encore après. Toutes vos idées sont bonnes, si au fond on y cherche Dieu; toutes mauvaises, je le déclare, dans l'orgueil qui vous suscite aujourd'hui. — Nous essaierons! — Je le sais bien, vous diminuerez encore le pain en France. Il n'y a d'autre parti pour vous que de conduire votre idée jusqu'au terme. Quand le mal a régné dans une âme, la vertu ne rentre plus que par la porte du malheur.

Il était bien visible qu'à défaut du cœur, la raison n'était point assez développée en France pour reconnaître la vérité absolue du christianisme. Quand il sortira des faits on en saisira la vérité relative. D'ici là vous parcourrez sur le faux tous les périls de la pratique : la Religion vous sera démontrée par l'absurde.

A l'heure où je parle, il y a une foule de gens en France qui se tordent l'esprit pour savoir comment on se sauvera sans rentrer dans la religion. Hommes d'Etat, économistes, académistes, tous croient leur Renaissance politique à la veille de complétement triompher. L'éditeur de Jacques Dellile paya sept francs pièce ses vers au moment où Châteaubriand paraissait!

XXVII.

J'ai dit la source du mal, puis-je me taire sur son siége! J'ai dit que la réaction de l'antiquité chassa peu-à-peu les âmes du Christianisme. A mesure que l'esprit quitta le point de vue divin, il entra dans le point de vue humain.

Malheureusement toute une classe en France est venue sous cet horizon. La Bourgeoisie forme aujourd'hui toute la couvée de Voltaire. L'oubli de Dieu fit toujours place dans l'homme à la cupidité.

Cette classe qui a l'argent à sa racine, et non le sacrifice et l'épée, partout a porté avec elle l'empreinte de son origine. Cette marque lui a valu, après les Juifs, la haine des deux autres classes françaises, la noblesse et le peuple. 1790 fut son avènement comme aristocratie ; 1830 l'éleva au trône ; en Février, elle pensait s'y asseoir exclusivement (1).

Je ne ferai qu'une remarque : la Noblesse a brillé mille ans, elle a vécu quatorze siècles ; la Bourgeoisie en cinquante ans a mis la France en décadence. Sur elle porte le déficit du capital industriel... Enfin, la classe ouvrière qui venait derrière la noblesse put immédiatement acheter et cultiver le sol ; celle qu'amène derrière elle la bourgeoisie est prête à le dévorer.

On n'empêche pas de gagner de l'argent ; mais alors, il ne faut pas se porter à la tête des affaires ! Le principe des peuples est la vertu, celui des classes gouvernantes est au moins l'honneur ; on ne peut y substituer à ce point les deux principes contraires !

L'intérêt cruel la poussa jusqu'à se détruire elle-même : ses membres se devaient mutuellement leurs faillites. Par la concurrence, ils abattaient les petits capitaux ; sans voir

(1) Ne confondez pas la classe moyenne, recueillant le capital avec la bourgeoisie, qui a voulu faire les lois, faire les mœurs, faire les arts, et jusqu'à la Religion et la philosophie. Au reste, il ne s'agit pas des individus, mais de l'esprit de la caste.

leur propre foule qui tombait dessous. Jamais la noblesse dans ses usages, ni le peuple parmi les siens, n'offrit pareille conduite.

Une marque certaine que cette race était sur sa décadence, c'est que déjà elle gâtait ses enfants. La main de l'éducation se retirait déjà d'elle.

Les fortes coutumes des anciennes familles n'étaient point là. On ne sut copier que leurs travers. Je ne sais si 89 a été trop précoce pour la bourgeoisie, mais le fait est que son avénement l'a perdue.

Au reste, elle prit la noblesse juste au moment où elle se décomposait. Elle ne fit que s'y substituer. Louis XIV et Louis XV se sont continués et achevés en elle.

La Bourgeoisie perdit dès le premier jour le génie de sa mission. L'association sans atteinte à l'individualisation devait être chez des chrétiens le but de l'organisation économique. La personnalité humaine ne se forme d'abord, que pour entrer dans la loi de l'amour. La bourgeoisie qui fit la révolution de 1790 pour réduire les trois Ordres en deux, devait tendre dès-lors à réduire les deux Ordres restant en un seul.

Elle s'y est constamment opposée. Economiquement, l'association est déjà d'une difficulté énorme ; sans parler des embarras administratifs, il faudrait avoir sur tous points, dans tous temps, le rapport réel entre le capital et le travail. Mais avant tout, il faut que l'association soit dans les consciences, par la charité entre les hommes. Pour être associés, il faut que les cœurs soient unis.

Si l'on avait traité la question en temps de paix, nous ne serions pas obligés aujourd'hui de la traiter en temps de guerre. L'impuissance sur ce point sera notre dernière plaie. Par suite de l'état moral et du capital battu en brèche, une suffisante pratique de l'association est la plus vaste impossibilité qu'il y ait à cette heure en France.

Hors du sentiment chrétien, on fit de la richesse le but. De là le mépris en industrie pour les classes ouvrières; on exploitait. Il y avait cependant une chose bien simple à comprendre : Puisque le travail est aussi bien que le capital l'agent de la production, comme lui n'a-t-il pas droit de se concerter sur ses prix. Pourquoi ne laissa-t-on pas libre sur ce point la balance entre l'offre et la demande ? C'est une grande ignominie.

Ce serait le moment pour la bourgeoisie de reprendre base dans la religion et de s'enter sur une morale plus noble, si, après sa ruine économique, elle ne veut pas disparaître entièrement des destinées de la France.

Si cette classe pouvait revenir à la Foi, nos maux dès ce jour commenceraient à se guérir, au lieu de se continuer. Mais le malheur seul peut remplacer le manque d'éducation dans les âmes. C'est ce qui me fait redouter toutes les suites de notre catastrophe économique.

Déjà cette secrète haine d'amour-propre que le bourgeois portait au noble, le peuple la porte au bourgeois. Sa fatuité dépourvue du sentiment de la gloire le fit plus promptement tomber de son estime. Vertus, magnanimité, désintéressement, gloire, pensée, arts, parcourant tout ce qui est grand, je ne vois plus ce qui reste à cette classe pour dominer une nation.

Ce qu'on appelle aujourd'hui le peuple, est-il appelé à remplacer immédiatement la bourgeoisie ? Je ne le sais pas encore. Toutefois, il faut auparavant qu'il ait été initié à la grandeur, et qu'il ait reçu l'exemple d'une tout autre Aristocratie : car ce mot vient de Ἄριστοι, les meilleurs, c'est-à-dire par la vertu.

Pour la noblesse, elle n'est plus. La Révolution française a décimé ce qui était resté sain en elle. Quelques débris du sentiment de l'honneur, privés de celui de la pensée et de l'art, ne suffisent plus pour soutenir la tête d'une nation.

Tout est tombé de ce qui était. Et au sein des nations la place est faite à la Sainteté...

Le jour vient où cette fleur germera du sein d'un peuple arrosé par la Foi. Et la Sainteté sera la seule noblesse.

Il n'y aura plus d'autre aristocratie...

XXVIII.

Des Résultats

Les nations modernes ont été détournées de leur voie, et les âmes de la grande espérance. Ramenez les peuples de fausses lueurs économiques qui placent le Ciel ici-bas.

Sur les voies de l'esprit on peut aller très loin ; qu'on évite une loi de Dieu, on peut sortir de la création ! Mais en se tenant dans les faits, on voit où il faut s'arrêter.

Sur les 72 centimes bruts que donnaient les 9 milliards et demi de la France, prélevez l'impôt, qui garantit la sûreté et la justice ; prélevez la rente nette, qui garantit la science et l'art ; prélevez ce faible excédant qui, continuant le capital, garantit son mouvement à la population, et vous verrez si la nature fournit tant de matériaux pour réparer le sang qui chaque jour se décompose dans nos veines, qu'on en puisse offrir le tiers au luxe et à la dépravation ! Plus de la moitié de l'Europe a moins encore à donner à chacun de ses enfants ; redescendez le reste de l'échelle, par les quatre autres parties du monde, et vous direz si la nature a été faite en vue de donner des bourgeois à la terre ou des saints à l'Infini !

Remontant de là vers la France, supposez les deux siècles de vertus qu'il faudrait pour augmenter d'un cinquième un capital qu'on a mis quatorze siècles à produire ; supposez que la production marchât par progression arithmétique, ce qui n'est possible que sur une terre nouvelle à la richesse agricole, périmètre obligé de la richesse manufacturière et commerciale ; supposez en même temps que tous les peuples du Globe restés en arrière de la civilisation moderne, trouvassent chez eux, ce soir, un capital semblable à celui des premiers peuples européens; supposez, alors, que le monde entier pût augmenter chez lui d'un cinquième le chiffre de la production actuelle de la France, sans que la population s'accrut suivant la même proportion, et, tous frais de civilisation prélevés, il y aurait après ces deux siècles de vertus 69 ou 70 centimes net, par jour, pour chaque tête du genre humain (1); c'est-à-dire, moins de la moitié de la somme que voudrait aujourd'hui, pour chaque tête de sa famille, l'artisan des objets de luxe.

Les égoïstes et les humains ne savaient pas qu'un jour ils viendraient buter là !

(1) Environ 70 millards liquides, exploités par le travail de la France, ont donné au revenu environ 9 milliards et demi ; soit, après les frais d'impôt et de réparation du capital, 56 c. par tête. En conservant la proportion, 14 milliards ajoutés au précédent capital, soit 84 milliards, donneraient, après lesdits frais, 13 c. à ajouter aux 56, soit 69 c. Remarquez que chaque famille est censée percevoir cette somme autant de fois qu'elle a de membres. Pour le père, la mère et quatre enfants, il y aurait par jour 4 fr. 14 c. Revenu égalisé, il y avait, avant Février, pour la même famille 3 fr. 36 c. par jour. Il n'y aurait guère en ce moment que 2 fr. 40 c.

Ils ignoraient que dix-huit siècles de la civilisation et de la production les plus étonnantes qu'ait vues le monde ne sont parvenus a donner à l'homme que quelques centimes de plus que l'antiquité ; de quoi à peine acheter ses bras.

Ces faits donnent à réfléchir !

La Société n'échappera pas aux lois confiées à la terre. Pensez-vous que Dieu soit novice; qu'il ait donné la loi chrétienne au monde, et qu'il ne l'y ait pas enfermée ? Le Globe est chargé du maintien de l'Evangile. Par la diversité de production des climats, il en appelle les enfants à se connaître et à s'aimer. Par la difficulté avec laquelle il cède ses fruits au travail, il sème la liberté et la sainteté dans les âmes.

C'est pourquoi, aucun de vos expédients n'inventera de la richesse.

Nos véritables destinées économiques sont dans ce mot : la vertu. Elle seule peut laisser un jour à tout homme ce loisir dont il a besoin pour étendre son âme.

Il n'est au pouvoir de personne d'augmenter le revenu d'une nation. Ce fait est lié à la plus profonde loi morale, la loi du mérite, la loi de l'homme. Ne vous laissez plus surprendre à tant de projets sur le crédit. Le bon sens vous le dit : où il n'y a rien le roi perd ses droits, et perd le droit.

On ne crée du papier que quand on n'a plus d'argent : donc il ne représente rien ! On ne demande du crédit que quand on n'a plus de ressource : donc il achève ce qui reste du capital ! S'il était possible d'en créer par des lois, vous sentez que pas un peuple n'aurait péri sur la terre.

Visitez toute la terre, vous n'y trouverez pas de place faite pour le vice ; mettez le luxe sur un point, vous ferez le paupérisme sur les autres. Retournez tant et plus le sol, vous n'y rencontrerez que ces deux lois pour l'infini : le produit ne peut dépasser le travail, le capital ne peut dépasser la vertu.

Soyez fouriéristes, communistes; faibles hommes, allez en Algérie, en Icarie : vous trouverez la Croix partout.... Mais allez vite, en revenant vous rentrerez dans l'Eglise.

Voilà toute votre faute : Vous avez cru que l'homme était sur la terre pour jouir et non pour s'y préparer au Ciel. Persistez dans cette pensée, et vous pourrez mourir de faim.

Le temps de la plénitude des peuples est venu. L'homme ne pourra faire un pas qu'en réduisant ses besoins. Tout capital ne se tient que par la force de l'âme. Vous l'apprendrez, la Religion seule peut donner du pain sur la terre.

Ah ! si vous désirez vivre encore comme peuples modernes, dépouillez-vous décidément de l'antiquité. Arrachez promptement de votre pensée, de votre économique et de vos mœurs le lange de la Renaissance. Vos populations se sont chrétiennement ramassées, elles ne pourront payennement se maintenir. Perdez-vous de vue le miracle de votre existence; oubliez-vous le grand secret de vos multitudes nombreuses? Déjà vous ne pouvez plus les porter sur vos branches.... l'avenir vous a épouvanté.

Je ne connais qu'un bassin pour contenir les masses, l'abnégation ; je ne connais qu'un moyen de les y faire entrer, l'exemple.

Or, la vertu ne s'imite pas. Sa racine est pivotante dans la profondeur de la Foi. La société moderne n'a monté jusqu'à nous que par le renoncement. Ainsi se sont empilées les masses. Cessez d'être chrétiens, les temps modernes s'écrouleront.

Tout le relevé de la situation présente tombe en deux mots : diminution de la vertu, diminution du capital. La

France n'est frappée que pour avoir manqué à la Douleur.

On vous appelle souverains : une couronne d'épines a fait plus pour l'humanité que toutes les couronnes des rois...

XXIX.

Puisque déjà vous craignez que cette Révolution ne soit qu'un pur accident, empressez-vous de retirer les idées avec lesquelles vous l'avez faite. Vous avez parlé de réhabiliter la chair ; vous avez dit que le travail ne serait plus une peine ; et, faisant un appel immodéré aux passions, vous êtes venus déclarer à la France que le but de la Société était de fournir à l'homme une consommation illimitée. Tout peuple qui fera un pas dans la jouissance en reculera de trois dans ses droits. Un progrès dans la civilisation est un pas fait par la Douleur.

Si vous ne savez pas que la civilisation est la sainteté du grand nombre, je n'ai plus rien à vous dire.

Le christianisme seul éclaire toute la situation présente. Il est la question préparatoire de toutes vos questions :

1° Nos principes ont leurs motifs dans l'infini. Ce qu'on prend pour l'utilité sur la terre n'est qu'une voie obligée pour l'intérêt éternel. La propriété, par exemple, n'est le principe créateur et conservateur de la Société que parce qu'elle est le principe créateur et conservateur des âmes. Elle est au milieu de nous la formule de l'individualité. Mais en tout on n'a voulu voir que les raisons humaines ; alors on a opposé des raisons humaines. Maintenant sortez de ce cercle !

Je ne viens pas seulement vous dire que la Société est

d'origine divine, mais qu'elle est l'institution divine elle-même. Voulez-vous trouver un principe, cherchez son but au delà du temps ; vous ne travaillez pas pour mourir. On ne prouve que par l'infini. Toute notre justification est en Dieu.

2° Uniquement dans la formation de la propriété, et dans son usage quand elle est acquise, il entre les deux plus grandes, les deux plus merveilleuses lois de l'infini sur la création, l'une par l'effort, l'autre par le renoncement. D'un seul moyen Dieu fait naître la liberté sur toute la terre, et puis élève cette liberté à l'amour. Sur la propriété se fondent les deux étages de l'homme, la personnalité et la charité. Vous détruiriez la Société avant la propriété.

3° D'autre part, vous ne pouvez soustraire un point qui occupe toute l'histoire. Par la chûte, le mal est entré dans la nature humaine à côté du bien. Moralement, physiologiquement, économiquement, partout le premier se tient en obstacle au second. Les deux bons tiers de la Société reposent sur ce fait. Quoique vous en niiez la cause, vous ne le détruisez pas. Comment, dans l'institution de la Société, abolir ce qui est fondé là dessus ?

4° Le fils de Dieu a certainement dit : Mon royaume n'est pas *maintenant* de ce monde, signifiant qu'un jour il le serait ; et, pour établir la souveraineté chrétienne, il ajouta : Que le plus grand parmi vous soit le serviteur de tous. Toutefois, pendant quatre mille ans, Dieu le père l'avait établie en César. Depuis, vous n'avez cessé d'obéir à la *race*, parce qu'en elle était le mérite. Vous voulez l'abolir, et vous oubliez que Jésus-Christ a apporté dans la grâce le moyen d'égaliser les âmes. Vous voudriez les conclusions du christianisme sans en traverser les moyens. La Société ne passera pas sous l'Evangile qu'elle ne se soit relevée de l'*iniquité*.

5° Que de choses vous dites sur le travail ! Mais le travail est, à la fois, une peine, un frein, et un devoir. Il est imposé à l'homme pour le punir, le contenir, et le former. C'est pourquoi le travail a été un esclave, un salarié, enfin un homme libre. Vous ne vaincrez pas plus le travail que vous ne vaincrez la Création ! Dieu ne passa de la création des anges à celle de l'homme que pour fonder la loi du mérite. Si toutes les choses que vous dites se pouvaient, le monde serait à ses fins, l'Éternité s'ouvrirait à l'homme.

6° Vous répétez que l'Evangile a proclamé l'égalité des hommes, c'est bien faux ; il a proclamé l'égalité du mérite, autrement dit l'équité. L'égalité n'est qu'un faux nom de la justice. L'Evangile savait si bien l'inégalité qui résulte de notre liberté, qu'il institua la charité pour ce monde, et la réversibilité pour l'autre. L'égalité est la loi des brutes, le mérite est la loi de l'homme (1). C'est le mérite qui fait l'égalité de l'homme devant Dieu. Notre civilisation ne détruisit l'Antiquité qu'en substituant le mérite à la loi brutale. Et c'est sur la loi du mérite que l'Evangile a fondé l'inviolabilité, ou la liberté personnelle. Vous ne pourrez pas la détruire ; vous ne pouvez que lui ajouter le cœur.

L'égalité, dont vous parlez à l'aise, serait l'écrasement de la civilisation. La Société n'est que la gamme du mérite.

7° Partout vous allez sur ces prémices, que l'homme doit être heureux sur la terre. Vous tordez toutes vos questions pour les lier à celle-là. C'est très-beau de vouloir presser la Société vers un tel but. Et si par hasard ce n'était pas le sien, vous la renverseriez donc ! Il fallait d'abord savoir pourquoi les hommes sont sur la terre. Car si votre pensée allait

(1) Par égalité devant la loi économique, il faut entendre égalité du mérite. L'équité, c'est la proportionnalité.

leur faire perdre pied et surplomber tout l'édifice, et qu'ensuite il se trouvât que l'homme ne fut pas précisément pour ce but-là sur la terre?

Voilà ce qui résultera tant que vos questions ne seront débattues qu'en politique. De la nuit du Dogme, vous voulez trancher la pratique!

Enfin vous voyez que vous ne réussissez même pas à poser votre grand dilemme. La vérité, avez-vous dit, est-elle dans la pensée qui veut qu'on impose à la Société l'obligation de rendre heureux tous les hommes; ou bien, dans la pensée qui veut que tous les hommes ne fassent que souffrir sur la terre pour chercher le bonheur au Ciel?

Trop profonde question qui varie comme chaque individu, et qu'il faudrait traiter ainsi : jusqu'à quel point l'homme est-il appelé à travailler et à souffrir sur la terre pour fonder sa liberté morale ; et jusqu'à quel point la consolation lui doit-elle être mesurée de crainte que sa volonté en se trempant ne se brise? Vous ne pourrez rien sur la question du Mérite, l'unique de la création. Dieu seul sait graduer les consciences, vous restez dispensés de décider sur les choses du Royaume d'en haut. Contentez-vous d'attirer la justice dans les lois, et la charité dans les cœurs, pour que le reste en surcroît vous vienne.

Il est bien trop clair que si les hommes étaient également sobres, laborieux et bons, tous également dignes et parfaits, en un mot tous égaux, il faudrait immédiatement partager les richesses existantes.... Pourquoi un tel fait aujourd'hui reconduirait-il à la barbarie? Je ne livre que ce point à vos réflexions.

Dans ce mouvement qualifié de Socialisme, il n'y a pas *quelque chose* à faire, *il y a tout*. Vous traitez une question politique, et elle est toute économique ; vous traitez une question économique, et elle est toute morale. Le mal est à la fois politique, économique et religieux ; le mal est dans les âmes. D'ailleurs, toute question n'est que là.

Le paupérisme est plus encore un fait moral qu'un fait économique. Le plus grand mal de ceux qui en sont atteints n'est pas la privation du capital, mais leur inaptitude à le porter. Vous trouveriez un trésor pour les pauvres, le paupérisme existerait. La source de la misère n'est point où vous la placez. Ce n'est pas dans le sol, c'est dans les bras de l'homme que Dieu a mis les fruits de la terre. Toute richesse vient de l'âme. Remarquez le bien : le paupérisme n'est que l'aboutissement du 18e siècle dans les faits...

S'il ne fallait que raisonner, depuis longtemps le genre humain serait guéri. Jamais l'homme n'a tort que parce qu'il se donne raison. C'est l'orgueil qu'il faut briser avant tout le reste. Le siècle dernier plaçait l'origine des maux dans l'ignorance. Il avait ses raisons pour ne pas commencer par la vertu. L'erreur n'est pas la racine, c'est le mal. Je le dis à ceux qui désirent réformer l'homme !

On eut bien vite écrit que Février n'était pas une révolution politique, mais une révolution sociale. Par sociale si l'on entend qu'elle doit améliorer la condition de la Société par l'accomplissement des lois chrétiennes, tout marchera ; mais entend-t-on qu'elle doit renverser notre Société pour céder plus vite au mouvement payen qui parle, tout se précipitera sur vous.

Vous êtes-vous faits républicains, socialistes, etc., pour jouir et consommer davantage ? vous périrez. Pour relever l'austérité des cœurs et les conduire plus près de Dieu ? vous êtes certains de tout vaincre. C'est toujours l'infini qui pose la question...

XXX.

Le christianisme est la pratique de cette terre. Nos malheurs seront en raison des obstacles que lui opposeront les hommes.

Notre situation présente n'est que celle même des âmes.

Il y a en ce moment deux courants parmi les hommes; l'un va évidemment au bien, l'autre court évidemment au mal. Il se fera évidemment deux sociétés l'une dans l'autre.

Il y aura la République du vice, parce qu'il faut que le 18e siècle s'achève. Il y aura la République de la vertu, parce qu'il faut que le christianisme s'accomplisse!

Voici ce que nous sommes : dix-huit siècles de christianisme recouverts par un ~~de~~ 18e siècle. Il faut se débrouiller de dessous.

Au reste, c'est la dernière bataille que l'antiquité donnera chez nous. Le Monde va se détruire. Son axiôme est perdu. On entrevoit le règne de Dieu.

Cette révolution sera moins sanguinaire, mais bien plus pénible et plus longue que celle de 93. Je ne prends ici que le fait :

La Révolution Française n'était qu'une révolution politique. Une révolution politique, c'est une ligne à introduire dans le code : *Tous les Français seront égaux devant la loi.* Le texte est clair ; on peut ou on ne peut pas.

Une révolution économique est bien autre chose! La politique se déduit de la morale, c'est une conséquence à tirer. Mais l'application économique se déduit de l'expérience. Or, l'expérience ne se fait pas en un jour.

Nous allons être obligés de passer par l'erreur de toutes les Écoles qui sont nées depuis trente ans. Chacune aura son triomphe de quelques jours dans la rue. Ce sera autant de calamités pour la nation. Mais nous sommes incapables de nous y opposer par le vrai.

On a dit que les Français épuisaient l'erreur pour arriver plus vite à la vérité. Ici le cas est forcé. Il ne reste que les faits pour la démonstration du faux.

C'est après ces maux, que nous entrerons dans la solution chrétienne.

Sans le 18e siècle, nous eussions fait extérieurement du chemin de moins. Nous n'eussions pas été obligés de reculer et de gémir durant un temps qu'aujourd'hui je ne puis savoir. Les grands moyens suspendront tout au plus les événements...

Il est temps que les hommes s'instruisent ! il y va du salut du monde. La Foi ne pouvait faire un pas de plus. Dieu s'est vu dans la nécessité de renoncer à enseigner par la parole, pour enseigner par les événements.

Les difficultés politiques ne sont rien à côté de la difficulté économique ; et celle-ci gît elle-même dans la difficulté morale. Cette révolution reste autrement accablante et hors de la puissance humaine que celle de 89 ! Il y avait alors une population de 25 millions d'âmes ; elle était la production naturelle du sol. La révolution franchie, le sol restait ; cette population pouvait toujours se retrouver sur ses pieds.

Aujourd'hui que deviendront les 6 ou 7 millions de population industrielle formés sur le capital fictif écroulé ? On les ramènera dans les campagnes ! Certes, il n'y a pas deux partis. Mais déjà le capital du sol, abandonné et grévé, retient dans un demi-paupérisme sa propre population. On ne transporte pas une population sans transporter le capital correspondant. La France enverra 1 million d'hommes à Alger, mais elle y enverra 2 milliards !

Ramener dans les campagnes ! Savez-vous tout ce que renferme ce mot ? Durant cinquante ans, qui les a fait *abandonner* ? Faites une étude morale constatant les instincts qui arrachent le jeune homme ou la jeune fille aux champs, et vous verrez si vous tenez la force prête à faire équilibre au 18e siècle dans les cœurs... Les villes ont été condamnées moralement ; elles ont été condamnées hygiéniquement ; elles le seront économiquement. Et prenez garde aux faits !

Voici le point d'où il faut partir. L'homme sera toujours nécessairement apte à plus consommer qu'il ne peut produire.

Dans quel état, et par quel moyen, est-il amené à plus produire qu'il ne consommera ? Telle est la forte question politique.

Cet état est l'état agricole ; ce moyen est le sol, qui reçoit tout et ne rend qu'à mesure. La terre végétale est la grande Caisse-d'épargne tenue par le Créateur.

Celle que fonda, avec raison, l'industrie, combien a-t elle fait de propriétaires à côté de celle-là ? Vos décrets sur l'agriculture, le reboisement, sont un commencement admirable ; mais pressez-vous d'embrasser ce qui ne se décrète pas.

Cette époque ne se sauvera point qu'elle n'ait produit un million de propriétaires. Il faudra donc en former le capital, et les cœurs pour le porter.

La propriété n'est pas un objet fixe. Posséder la propriété n'est autre chose que posséder la vertu de ne pas consommer.

Vous chercherez toutes les causes qui ruinent corps et

âme la France ; ne trouverez-vous point que la première est dans la perte de la Foi ! Vous chercherez tous les moyens de réduire la misère ; ne trouverez-vous point que le premier est d'augmenter la vertu ! Par quel chemin verra-t-on, en France, revenir l'esprit à la place de la chair, l'humilité à la place du luxe, le champ à la place de la banque, enfin le capital à la place du paupérisme ? Par un chemin que Dieu tient en réserve s'il veut encore sauver la Nation qui l'oublie.... et le mot inscrit en tête de ce livre n'est pas sans signification !

Les bons font entendre en vain la voix de la conciliation. Conciliez, quand on n'a pas le même Dieu ! Tous les hommes sont partis de leurs côtés, comment se rencontreraient-ils ?... Ils ne se rencontreront que dans la pensée du malheur. Et, comme il y eut plus de faiblesse et d'égoïsme en eux que de méchanceté véritable, alors ils se retrouveront dans la pensée du remède à tant de maux.

Les nations, comme le pécheur, reviennent au jour de la détresse. En ce jour tout est démontré. Je ne sais où fuir, ma pensée est pressée de conséquences ; tout cela ne peut finir que nous n'ayons vu dans les faits quelque chose d'aussi énorme que le 18e siècle l'a été dans l'ordre moral !...

A cette heure vous criez, pleurez, montrez partout le mal ; toujours le peuple, jamais vous-mêmes ! Ecoutez bien : DANS LA BOURGEOISIE EST LE SCEPTICISME PAR LEQUEL LE PEUPLE EST EN ANARCHIE. C'est parce que le mal est dans la tête qu'il frappe les extrémités !

O France, mes paroles sont amères, mais comme le remède vers les lèvres. Ah ! qui aurait encore le courage de venir pour te flatter ! Je sens que devant toi mon esprit a plié sous la parole d'Isaïe : « O mon peuple, ceux qui t'appellent

« heureux te trompent, ils dérobent à tes yeux ton sentier...
« Et ceux qui ne te parlent que de prospérité seront reconnus pour des séducteurs. Le peuple qu'ils appellent heureux tombera dans le précipice. »

France ! France ! malgré ce que je vois, je crois à ton avenir ! Et j'en prendrai pour caution ce parti républicain lui-même, né en toi de l'indignation soulevée par notre état politique ! Et j'en prendrai pour caution cette école socialiste elle-même, née en toi d'un cœur percé par notre état économique ! Mais j'en prends surtout pour caution, ô France, l'Évangile, que malgré toi, tu portes jusque dans les mouvements égarés de ton cœur !

La cause de la chûte des peuples antiques est trouvée. Toute société n'est qu'une religion réalisée. L'Église est immortelle, elle enfantera des nations immortelles. Mais rattache-toi à ta mère ! Aujourd'hui celui qui en a le sourire et la main pour bénir, porte tes sympathies en lui et tes propres paroles à ses lèvres.

XXXI.

Je le répète avant de terminer ces pages qui me font souffrir : Le mal est religieux, la révolution est religieuse, le remède est religieux, nous ne guérirons que religieusement. Le mouvement européen nous semble contre les Rois ; la loi au fond qui le dirige est contre le fait qui les rendit nécessaires à la terre. Les peuples se soulèvent contre l'oppression, et la source en est en eux-mêmes. La délivrance des nations n'est que la délivrance des âmes.

On confond de tous côtés, en ce moment, les conséquences

toutes mûries du point de vue humain avec les conséquences chrétiennes. La plupart des hommes ne sont pas assez profonds pour percer l'horizon actuel, et faire la distinction dont je parle. Ce qu'on nomma progrès de l'esprit humain n'est que trop bien nommé ! L'homme n'a été arrosé que sur le point de sa faute. Ce qu'on a pris pour la démocratie, n'est que l'explosion universelle de l'orgueil.

Les hommes logiques de notre âge ont été républicains. Comme la solution n'était plus là, ils entrèrent dans le saint-Simonisme. Suivant toujours le problème, ils devinrent fouriéristes. Mais l'idée allant devant eux, ils se sont divisés là sur deux branches : les uns se sont faits communistes, les autres sont devenus chrétiens. Car les uns étaient conduits par leurs sens, les autres l'étaient par leur âme (1).

La société humaine, en effet, ne peut être conçue que de deux manières : Ou elle est conçue par rapport à l'âme, ou elle est conçue par rapport au corps.

On pourra dire autre chose, on ne pourra sortir de là.

Dès que la Société est conçue par rapport à l'âme, elle l'est par rapport au corps, lequel fut donné à l'âme. Mais la réciproque n'est point.

Tout remonte à la croyance. La Société ne s'abaisse que parceque le dogme a glissé. Réunissez de part et d'autre des hommes prêts à donner leurs sens pour leur âme, vous verrez bien si quelque chose leur manque !

Tout dépend de la notion supérieure qu'on a de l'homme.

Ou l'homme n'est fait que pour la terre ; alors l'âme a été donnée pour le corps. Ou l'homme est appellé à une vie

(1) Le siècle fera comme les esprits sérieux de l'époque ; il passera de la politique à la morale, et de la morale à la théologie. La question absolue laissant difficilement place à l'esprit, de là il ira directement sur la vérité.

immortelle ; alors le corps a été donné pour l'âme. Si vous avez de l'esprit, n'ôtez plus la question de là. Toute la chaîne de vos propositions de second et de troisième ordre reprendra son premier anneau.

Dans le problème de l'homme, on ne peut évincer l'homme !

Or l'homme est fait pour ce monde, s'il y trouve une vie immortelle... pour le quitter, si la mort vient en détacher son âme.

Vous ne vivez que sur la Foi.

D'où venez-vous, vous qui dites : Non ? Etes-vous plus grand que celui qui a fait l'Évangile ; et plus fort que le cœur de l'homme !

La foi ne sort pas des arguties de l'esprit ; mais de la puissance du cœur. Elle naît du besoin de l'infini. Sans quoi, elle ne descendrait point en nous par l'oreille. En vain ouvre-t-on la paupière à l'œil qui fut aveuglé ! Ce n'est pas la vérité qui manque à l'homme ; mais bien les hommes qui manquent à la vérité. SURSUM CORDA !

A quoi ont servi aujourd'hui tant de mots, et leurs idées ? C'est la pratique qui est absente. Les actes seuls construisent l'homme. Le cœur ne vient pas en pensant. Vous cherchez le bien, agissez. La volonté est comme le travail, il faut commencer tout de suite.

C'est la pratique qui crée l'homme, je ne puis vous dire mieux !

Comment renaîtra-t-elle en nous ? La Guerre formait primitivement les âmes, en les portant au sacrifice. Elle fut dite le chemin de la gloire. Tant que l'homme a tenu l'épée, le crucifix a triomphé. Mais sitôt qu'en prenant âge, il a fallu quitter l'épée pour la vertu, en France, on l'a trouvée beaucoup plus lourde au côté.

Donner en une fois sa vie lorsque l'honneur a parlé et que la gloire nous regarde, est une sainteté d'enfance dont nous avons donné des preuves. Offrir sa vie pièce à pièce par la vertu quand la conscience le dit et que l'amour seul nous voit, est un héroïsme d'adulte dont nous fûmes moins prodigues.

Je crois connaître la grande loi : si vos âmes ne peuvent encore porter la paix, Dieu vous remettra à la Guerre. A la porte des temps nouveaux, si vous n'êtes point assez forts pour tenir la lutte dans l'âme, Dieu sera obligé de la replacer dans le corps. Est-ce sans BUT que la Guerre a duré bientôt plus de cinq mille ans sur la terre ? Vous ne connaissez pas la Providence !

Je vous en préviens : Dieu veut que vous soyez comme l'infini. Votre personnalité doit se former, par la vertu ; puis se donner, par l'amour. La terre entière est pour ce but ! Vous n'y échapperez pas plus que vos pères. Il faut cependant s'émouvoir devant Celui qui a trouvé le fouet dont pendant quatre mille ans on pressa le pas des esclaves !

Vous ne fûtes point assez grands pour rompre le pain des agapes au sein de l'ordre industriel ; prenez garde au pain antique, qui n'est pas encore tout mangé ! Le Dieu des armées a parlé longtemps avant celui de l'Évangile. La famine et la peste ne sont qu'endormies dans la terre ; et la Captivité suit les pas de toute nation dépravée...

Sortirez-vous de la terre pour échapper aux flammes de l'expiation ? Elles vont s'allumer en vous-mêmes. L'Ange d'extermination, ce sera votre propre orgueil.

Pour moi, voilà le jugement que je porte de ces choses : vous serez punis selon le corps, afin que votre âme soit sauvée.

Je ne déplorerai point les maux du présent, mais ceux

qui les ont amenés! et je nommerai bien tout ce qui rappellera les hommes à leur conscience.

Quelles que soient les calamités que laissera sur son passage tout ce peuple irrité, elles n'égaleront point celles dont on a dévasté son âme.

J'UNIRAI ma voix à celle des événements...

Dieu a vu sa parole repoussée du riche et oubliée du pauvre; il a remis à nu les éléments du monde, afin que sa parole fut enseignée toute vivante dans les faits.

Mais le pauvre sera le premier pardonné. Il dira en montrant l'impie : — Voilà celui qui m'a trompé !

Sur mes chemins j'ai rencontré les faux prophètes, les prophètes du Monde. Ils ont couvert la voix de tes prophètes, ô Seigneur !

L'impie a refait pour lui la science. Sur la première page il a mis : Sa providence ne s'étend point sur toi ! Sur la seconde : Ton âme n'a point d'immortalité ! Sur la troisième : Ton corps est fait pour jouir de la terre !

Et tel s'est montré l'impie en sa vie. Il a jeté de côté son âme, il a embaumé son esprit dans la vanité. Et la cupidité de son corps s'est tournée vers moi.

En échange de mon travail et de mon sang, il m'a donné le livre où était sa pensée, et l'exemple où était son mal. Mes larmes sont venues au bout de mes pas.

Seigneur, le genre humain est fait pour être enseigné. Tu as dit d'enseigner les nations ! Les nations se tournent vers toi et te disent : Vois ce qu'ils nous ont enseigné !

Notre sang appauvri par le mal a crié vengeance vers toi ;

et toutes nos âmes quittant ce monde dans la difformité du vice sont allées rouvrir ta pitié !

Car ta pitié redescendra sur la seconde race d'Adam pour sauver, comme au jour de Noé, les germes purs du genre humain. —

Dieu seul sera grand en ce jour...

Seigneur, il n'est plus besoin de prophètes : l'humble n'a qu'à ouvrir les yeux.

Les fils de l'homme se sont creusé des demeures où la lumière n'entre plus ; ils ont trouvé le moyen de tourner la Foi ; ils ont rendu la vérité inutile à la terre.

L'impiété est descendue chez les âmes comme un brouillard ; et elles sont devenues comme des plantes affreuses, n'ayant ni racines ni fleurs.

Le vice et l'orgueil fondus ensemble comme un airain mêlé ont coulé dans le cœur vidé du riche, et son visage est devenu celui de la bête.

Le riche est descendu sur la place publique ; soudain, comme dans une glace brisée, il a vu sa face réfléchie sur tous les visages de la foule.

Malheur ! sur les visages de la foule, dont les regards venaient sur lui, il a reconnu l'image que son âme offrait à Dieu...

Et cette foule dressera ses collines autour de lui ; et lui se sentira au fond d'une vallée d'horreur.

Le rire tombera de ses lèvres, pour la première fois ; et dans son âme épouvantée il entendra une Voix :

—Parce que tu as rendu mon temple désert, je ferai le désert autour de toi ; et parce que je n'avais pas une pensée dans ton cœur, je n'y laisserai pas un espoir !

Parce que tu as porté mon nom en oubli, tu le prononceras trois fois sans que mon oreille l'entende ; et parce que tu as ri sur ma parole, le peuple se rira de tes lois!

Parce que l'éclat de mes temples a passé dans tes festins, et parce que tu m'as laissé seul pour courir à tes folles joies, un jour sera où je te laisserai seul avec toi !

Cherche ta Foi ! appelle-moi, tout ce peuple est debout ! Tu as effacé mon nom de son cœur, il effacera le tien de la terre. —

Jusqu'à ce que, dans son âme châtiée, le peuple entende également une Voix.

Et le peuple s'arrêtera aussitôt qu'il reverra briller la lumière, qu'il sentira remuer le nouveau germe de la vertu dans son cœur.

Car l'expiation sera faite.

Dieu ne peut plus perdre l'homme, il porte déjà trop en lui de la substance de son Fils ! Les nations sont tombées, et il les a relevées dans ses bras.

Mai et août 1848

Pressée sur la route des âges, ô âme ! que portes-tu là que je ne reconnais pas ? Je ne trouve point dans l'infini l'objet qui projette cette ombre sur toi. Ombre pendant le jour, car, avec effroi, je t'ai vue traversant la nuit, et c'était comme une flamme sur ta poitrine. Pour t'éclairer ou pour te consumer, tu ne te l'es pas demandé ! Et moi, je portais sans doute cette flamme dans le sein ; un jour j'ai voulu regarder, et je te dirai peut-être ce que c'est…

PREMIERE PARTIE.

CHAPITRE I.

—

De la douleur au point de vue de l'Infini.

L'homme est une production de l'être en dehors de l'infini.

Pourquoi sortir de l'infini, comment rentrer dans l'infini? c'est là toute la question de l'homme.

Il faut sortir de l'infini pour prendre une personnalité; il faut rentrer dans l'infini pour prendre une place éternelle dans la félicité.

Car le bonheur est la finalité de l'être.

Mais il faut rentrer dans l'infini sans s'y confondre, et il faut en avoir la nature pour en posséder le bonheur.

L'amour étant la félicité de l'infini, l'homme ne pourra participer à la félicité qu'en participant de l'amour. Puis, il faudra que l'homme, qui d'abord n'était pas, se constitue une personne pour contenir cette félicité.

La formation ontologique de l'homme demande donc premièrement la personnalité, pour qu'il soit lui-même; secondement l'amour, pour qu'il ait la félicité.

Afin de fonder ces deux éléments, l'essence humaine est, dès son origine, divisée en deux sexes; l'un avec la force, pour le travail de la personnalité; l'autre avec l'amour, pour l'œuvre du cœur.

Et l'homme est envoyé sur la terre. Lorsqu'il aura développé en son être ce double principe d'une vie éternelle, il pourra rentrer dans l'infini sans s'y confondre.

De là, toute la destination de l'homme au sein de la création est de créer sa personnalité et de former son cœur; la première par la lutte, qui est dans le Travail; le second par l'amour, qui est dans la Famille.

C'est pourquoi deux choses capitales remplissent son existence sur la terre : le travail et la famille. Travailler et aimer, on n'accomplit pas d'autres fonctions ici-bas. L'homme sort de chez lui pour lutter, et il rentre de la lutte pour aimer.

Il lutte, pour constituer son moi et établir sa personne en face de l'infini; il aime, pour mettre sa vie dans l'amour et ouvrir son cœur à la félicité. Douleur et amour, l'homme ne connaît que deux soupirs!

De là les guerres, et l'universelle misère sur ses chemins :

tout ce qui peut multiplier l'effort! De là la Société, et les affections disposées le long de la vie : tout ce qui peut assurer l'amour! Son corps lui-même ne verse sur ses traces que des larmes ou des sueurs.

Et deux lois portent le monde.

Cette liberté, tant demandée sur la terre, n'est que pour favoriser la première; et cette antique justice, plus douce encore, n'est que pour préparer la seconde. Liberté et charité forment les deux parts de l'homme; elles accompliront les temps.

Or, voyez que dans le fond deux joies ne sortent plus de l'âme, parce qu'elle se fait vivante sur deux points : la joie qui tient à la personnalité et la joie qui tient au cœur, l'amour-propre et l'amour.

La création ainsi posée, celui qui, appartenant à d'autres cieux, viendrait pour la première fois sur la terre, n'y verrait effectivement que deux faits universels se lier à l'existence de l'homme, la famille et le travail ; deux choses remplir toute sa vie, la peine et les affections.

Aux yeux de l'observateur, ces deux uniques conditions de la vie humaine dans le temps donneront toujours l'induction du but de cette vie au-delà du temps.

Dès lors, tout ce qui pourra favoriser en l'âme la force de la personnalité ou augmenter la vie de l'amour, la conduira directement à ses destinées absolues. Mais un fait qui en même temps favoriserait la personnalité et l'amour, serait le fait inséparable de la condition humaine, le grand auxiliaire de la création.

Or, à côté de la famille et du travail, j'ai vu le fait mystérieux de la Douleur.

CHAPITRE II.

—

De la douleur au point de vue de l'homme.

Toute faute chez l'homme étant composée de deux éléments, l'égoïsme et la volupté, il faudra que le remède se compose aussi de deux éléments, pour atteindre le vice qui se rapporte à l'esprit et le vice qui se rapporte à la chair.

L'esprit a péché en se laissant trop remplir de lui-même : il faudra que l'esprit se répande hors de lui-même. C'est ce qui s'opérera au moyen de l'aveu. La confession rétablira peu à peu dans l'âme l'équilibre entre l'orgueil et l'humilité.

Le corps a péché en se procurant toutes ses sensations : il faudra que le corps se refuse tout entier à lui-même. C'est ce qui aura lieu au moyen de la privation. La pénitence rétablira peu à peu dans le corps l'équilibre entre les sens et la volonté.

Il se produit alors un effet complet. Le corps, rappelé à la privation, se sent délivré des mouvements désordonnés qui résultaient de sa prédominance, et rentre avec satisfaction sous l'hygiénique empire de la volonté. L'âme, se trouvant initiée à l'humilité, rentre dans sa propre possession spirituelle, et reprend avec joie toutes les bonnes résolutions de l'innocence.

Cette révolution opérée tout-à-coup dans le corps et dans l'âme est l'œuvre de la douleur. L'homme a-t-il perdu toute force morale, est-il tombé au milieu de l'impuissance de la corruption. en un mot est-il incapable de s'élever au bien par les actes de sa liberté, confiez-le à la douleur, elle opérera en lui à l'égal de la vertu!

Quel est donc ce mystérieux

agent? Quoi, la Douleur! N'est-elle pas l'opposé de l'état éternel; n'est-elle pas ce qu'il y a de plus contradictoire à l'être! La fin absolue étant le bonheur, se pourrait-il que l'être s'y élevât par le moyen de la douleur!

Nous dirons ce que c'est que la douleur. Mais d'abord, la douleur n'est pas de l'être; elle a été placée à côté du mal pour l'extirper de l'être. Sans le mal, la douleur ne serait jamais entrée dans le temps. La douleur trempe l'être dans ses flammes pour le purifier, c'est ainsi qu'on voit le métal en fusion rejeter tout de sa substance embrâsée.

L'homme est fait pour l'Infini. Si donc il avait montré, premièrement assez de volonté pour s'imposer de lui-même les efforts nécessaires à la formation de sa personnalité, et secondement assez de cœur pour s'imposer de lui-même les sacrifices nécessaires à la formation de son amour, la douleur n'eut jamais existé. La douleur est un remplaçant du travail, et un suppléant de l'amour.

Ayant été créé dans l'état de justice et d'innocence, l'homme se trouvait placé, en tant qu'être, immédiatement au-dessus de la douleur. Il était formé, il lui restait à se développer; et la création en avait remis le soin à ses œuvres. En cet état, l'action suffisait à l'éducation de sa volonté, et la résignation à l'éducation de son cœur; la peine n'était pas devenue un supplément nécessaire à la première, et le sacrifice un supplément nécessaire au second. Mais, étant tombé au-dessous de cet état, l'homme s'est tout-à-coup trouvé en proie au douloureux travail de l'être aux prises avec le non-être.

En un mot, la création, en faisant franchir à l'homme tous les abîmes du néant, l'avait en quelque sorte amené à la surface de l'être. De là il ne restait à l'homme qu'à s'élever selon sa propre loi;

il n'avait pas à remonter tous ces degrés inférieurs où il est descendu et où il a rencontré la douleur, désormais indispensable au régime de son être.

La volonté et le cœur, ces deux pôles de l'homme, s'étant amollis, la douleur n'est donc qu'un travail plus profond imposé à l'exercice de la volonté et à l'exercice du cœur. Elle vient souffler comme un feu âpre sur une liberté qui s'éteint et sur un amour expirant. L'homme désespéré par le mal, abandonne son propre moi, perd de vue sa destinée, il voudrait retomber dans l'oubli éternel. La douleur est comme l'instrument qui va de nouveau l'arracher du néant.

Rien n'est plus habile que la douleur. Elle rétablira la vie dans la nature humaine précisément par ses deux grands organes.

La volonté s'est-elle couchée dans la paresse, la douleur pèsera sur elle de tout son poids, et l'obligera de la sorte à soutenir un fardeau que cette fois elle ne peut rejeter. Le cœur s'est-il refermé sur lui-même par l'orgueil, la douleur viendra le rouvrir jusqu'au fond, et en saura faire couler des sources abondantes de pleurs.

La douleur martellera la volonté jusqu'à ce que celle-ci revienne avec quelque courage reprendre d'elle-même l'exercice de sa loi : et elle brisera le cœur jusqu'à ce que celui-ci tombe de lui-même dans l'attendrissement que demande l'amour. La douleur courbe l'être, mais en réveillant toute son énergie de réaction. Il semble que la vie ait besoin de se voir comprimée, comme le ressort, pour reprendre son élan !

Enfin, la douleur amènera la patience ; or, la patience est le triomphe de la volonté ! La douleur amènera le renoncement ; or, le renoncement est le triomphe de l'amour ! Par le moyen de la douleur, la liberté et l'amour rentreront donc en l'homme dans toutes leurs racines et avec toutes leurs branches ; le cœur et la personnalité remonteront vers la vie absolue.

C'est ainsi que l'être qui laissait

tomber dans le mal le pouvoir de se former de lui-même, est reforgé de nouveau tout en vie sur l'enclume divine!

L'âme démoralisée voudrait abdiquer sa loi, sa liberté, le mérite et le démérite; elle voudrait, se perdant dans la nuit, se démettre de l'existence même; et la douleur va la chercher jusque sur les bords du néant pour la ramener au combat. Quelle admirable chose que la douleur! Quel instrument précieux est entré dans le temps!

Auxiliaire de la création après le malheur de la chûte, la douleur est le levier de l'amour, le second bras de Dieu.

CHAPITRE III.

--

Œuvre de la douleur dans le temps.

Je m'abstiendrai de peindre la douleur... J'indiquerai seulement son effet psychologique, comme je viens d'indiquer sa fonction ontologique, et je dirai son œuvre dans le temps.

Voyez combien l'homme affligé

devient facile à aborder ! Comme ce coursier impétueux et sans frein a été ramené par la peine et la privation sous la main qui doit le conduire ! Approchez seulement de l'âme altière que la douleur vient d'atteindre. Dans sa gloire, elle n'écoutait personne et méprisait tous les secours ; mais à cette heure sacrée, elle entendra tout, vous accueillera avec reconnaissance, et se soumettra avec charme et résignation. Jugez combien d'humilité est née de la douleur !

Approchez également du cœur insensible que la douleur vient de briser. Dans son orgueil, il ne vivait que de lui seul et repoussait la sympathie. Mais, à l'heure de la douleur, ce cœur si intraitable n'a plus rien de dur ; il ne veut plus du mal, il vous appelle, prononce le mot de consolation, se donne à vous et demande avec effusion que vous l'aimiez un peu. Jugez combien d'amour est né de la douleur !

Or, l'humilité et l'amour étant le contraire exact de l'orgueil, l'orgueil est ainsi étouffé par la douleur.

L'être s'était en quelque sorte noué par l'orgueil, une force devra le briser en éclat avant qu'il se reconstitue ; c'est la mort. Car, sans l'orgueil, la mort, cette stase dans l'être, n'eut point existé. Comment croire que la mort soit une chose naturelle, la nature a-t-elle horreur de ce qui lui est conforme! La mort n'appartient pas à l'être, mais, fut envoyée par la vie pure contre l'ennemi de l'être.

Née de l'infortune du relatif, et annoncée dans la promesse paradisiaque, la mort vient sur les pas de la liberté pour dévorer par derrière les fruits de sa réprobation. Tout être, au reste, ne peut prendre sa forme définitive sans une dissolution de sa forme antérieure. La mort est la solde de l'orgueil; elle seule pouvait rétablir la vie pure où le mal avait passé. Oh! l'admirable invention que celle de la mort! Mais la mort avait besoin de combattre l'orgueil de son vivant, c'est pourquoi elle a envoyé en avant la douleur. La douleur est l'écuyer de la mort.

L'homme altier s'est soumis, l'homme dur s'est attendri, l'homme paralysé s'est ranimé en prenant le breuvage de la douleur. D'une liberté épuisée, elle a su faire sortir les triomphes de la patience, d'un amour éteint, elle a su faire jaillir les gloires du renoncement, et d'un être déformé par l'orgueil, elle a tiré une âme toute resplendissante de mérite et de beauté!

O mystère de l'être, que de ressources dans tes abîmes! Où le néant semblait indispensable, déjà la mort vient de suffire... Dieu ne saura-t-il trouver aussi dans ton sein, ô profondeur de l'être, quelque secret plus prodigieux encore pour te faire échapper un jour aux lois absolues de l'irrévocable !...

Comme le remarque Mme de Staël, *la douleur est donc un bien*, ainsi que l'ont dit les mystiques. Elle n'est pas un bien en soi, mais en ce qu'elle est l'instrument efficace d'un bien. La douleur est notre plus grand moyen de perfectionnement. Et c'est le seul qui soit resté à l'âme qui, dans la défaillance de sa nature, abdiquerait ses prérogatives et ses facultés.

Une partie de l'âme est-elle tombée dans l'insensibilité de la mort, le charbon de la douleur y rallume aussitôt la vie. Elle remet aux mains de l'homme, qui les avaient reçues sans mérite de la création, ses puissances radicales. Enfin la douleur produit au fond un effet que je ne sais trop comment exprimer, elle condense l'être. Sous les coups répétés du marteau, le fer rougi devient de l'acier.

Semblablement, dans l'ordre physique, la douleur, fille de l'irritation, n'est qu'une accumulation de vitalité sur un point. Pour ranimer un membre atrophié, on augmente par frictions la sensibilité jusqu'à ce qu'on arrive à la douleur. Ce sont les douleurs de la fatigue, de la privation et de l'effort qui, dispensées avec mesure et persévérance, donnent aux organes la vigueur. Qu'une trop grande abondance de vitalité accoure sur un point, la souffrance se fait sentir.

Fragiles et mortels, les organes du corps ne supportent que jusqu'à un point cette condensation de la vie : s'ils pouvaient contenir la plénitude de la douleur ils parviendraient à la perpétuité. Mais, au sein de l'âme immortelle, la douleur opère en toute sûreté! On la voit toujours revenir vers les mêmes endroits du cœur ; il n'est tel que d'être intéressé au fond, pour perdre plusieurs fois sa fortune : ambitieux, pour rester sans cesse humilié ; trop sensible, pour perdre l'objet de ses affections.

Delà, suivant les parties qu'elle affecte en nous, elle est une indication certaine de nos côtés les plus faibles. Toutefois la douleur tourne au dedans de l'âme et s'enfonce partout. Et où la douleur a passé, vous êtes sûrs qu'elle a accru étonnement la vie. Voyez, lorsque l'homme vient d'être travaillé par l'affliction, avec quelle aisance il respire le moindre contentement ; comme, en cette heure, son cœur s'ouvrirait à toutes les délices de la vie immortelle !

La douleur sanctifie. Et elle sanctifie à un point qu'il n'est pas donné à celui qui la souffre de le savoir, si ce n'est peut-être par la bonne conscience qu'il en a de lui-même. Remarquez combien les personnes qui ont souffert ensemble s'estiment après ! Le fait est surtout visible chez les époux, qui peuvent mieux s'apercevoir du perfectionnement qui s'est fait en eux.

La douleur seule entre assez avant dans l'âme pour l'agrandir. Elle y réveille des sentiments que l'on n'avait point encore soupçonnés : la douleur va toucher jusqu'aux sources de la sainteté ! Dans ses élans, elle donne essor à des émotions que la musique la plus divine avait eu seule le secret de découvrir. Il y a dans l'âme des places très-élevées où dort la vitalité, et que la douleur seule peut atteindre : l'homme a des endroits de son cœur qui ne sont pas et où la douleur entre pour qu'ils soient !

Ne redoutez pas les ravages de la douleur. Quelquefois elle vide entièrement l'âme, mais lorsqu'elle a passé, Dieu s'y précipite tout-à-coup pour la remplir. Ah ! les joies du Ciel ne sauraient descendre avec leur suavité dans toute l'âme humaine, si l'amertume de la douleur n'y avait partout creusé la faim sacrée... La joie fait sa place quand le cœur s'agrandit ; c'est dans le vase de la douleur que se répandra la Félicité !

Cependant, si l'on ne savait pas à cette heure que dans la chûte est l'origine de la douleur, que dirait-on à ceux qui en sont atteints? Que dirait-on surtout à ceux qui voient tomber autour d'eux, victimes de la douleur, des personnes chéries! Sans la chûte, la douleur resterait un mystère qui foudroirait la pensée. Mais la douleur n'est plus la douleur, elle est la résurrection et la gloire!

Cette vie est courte, très-courte; plus courts encore sont les évènements qui la remplissent: on ne le sent bien qu'au terme. Alors on ne regrette plus les palmes qu'on a cueillies dans le buisson ardent: un rayon d'amour luit, et nous ressentons un regret mortel de n'avoir pas à donner à Dieu une seconde vie mille fois plus remplie de douleurs! Les élus céderaient le bonheur du Ciel pour souffrir encore pour Dieu... Ce sont les âmes qui d'elles-mêmes se tiennent dans le Purgatoire!

Nous ne parlons que des flammes de la douleur; qui n'en a connu les douceurs! Qui n'a su combien l'âme se rafraîchit à longs traits à la source des larmes! Qui n'a éprouvé, lorsqu'elles coulent sur le cœur, un sentiment si vif et si délicat de ce que le Ciel veut de nous, que nous sommes prêts à nous donner comme des hosties purifiées. On ne pleure que quand on a trop de choses dans le cœur.

La douleur avance, et l'homme

sent en lui un noyau immortel qui ne peut être atteint, qui s'enflamme, qui brille, qui se réjouit à mesure qu'elle croit pénétrer en nous. Et ce point où la douleur s'ouvre sur la joie... Vous savez d'où vient l'âme : quand l'émotion descend tout-à-fait au fond, ne soyez plus surpris si l'on trouve le Ciel! Oh! les larmes ne viennent pas de l'homme, je vous le jure! elles ont plongé dans l'ivresse tout un côté de mon cœur...

Un tendre ami me répondit un jour: « Remarquez, lorsque l'on a traversé de grandes douleurs, que pour tout au monde l'on ne voudrait pas ne les avoir point souffertes. » Quel beau mystère est dans cette pensée.

Comme les doigts de la douleur savent entrer dans le cœur, et pétrissent jusqu'au fond cette pâte sacrée ! Mais Dieu pouvait-il le toucher autrement sans qu'il expirât de bonheur ! Attentive ménagère de mon âme comme tu as su récolter tous les fruits de ma vie ! Que je sais bien comment tu t'y es prise avec moi : l'inspiration descendait, tu l'arrêtais ; l'espoir naissait, tu me l'ôtais ; mes transports, tu les étouffais ; un bien, tu me le reprenais! Sainte douleur, si je te juge par les douceurs que tu m'as ravies, tes flancs doivent renfermer pour moi des délices inouïes ; et dusses-tu traîner mon cœur dans les sables des déserts, je ne te quitterai pas; il faudra bien que tu laisses briser un jour sur ma tête penchée l'urne remplie des joies que tu me ravissais !

CHAPITRE IV.

—

Des fruits de la douleur pour cette vie et au-delà.

Nous comprenons déjà le sens de la vie de l'homme. Dieu l'envoie sur la terre pour qu'il produise lui-même ce qu'il ne peut produire pour nous, la volonté dans la faiblesse, le renoncement dans le besoin ; enfin, l'amour dans une personnalité qui avait à tout instant le pouvoir de se refermer dans l'égoïsme, et la force dans un cœur qui rencontrait à tout instant l'occasion de se dissoudre dans la corruption. C'est pourquoi sur la terre, dans ce lieu du combat, le malheur sera victorieux pour que le mérite le soit; la douleur surnagera toujours pour que le cœur puisse à toute heure se sauver.

Si l'on écoutait les hommes, il faudrait renoncer à la douleur! Mais songez donc, si l'âme laissait retomber sa liberté, et venait à perdre le temps, quels regrets dans l'infini! L'homme, ici-bas, ne peut pas être consulté. Dieu, plus prévoyant, pourvoit continuellement à la peine, ah! pour que l'âme un jour, montant sur le seuil de la Gloire, n'ait point de reproches à faire!

La douleur nourrit l'âme. Souvent elle lui assure un pain plus fortifiant dans la vie que le pain de l'amour. Il ne faudrait point croire que la vie chrétienne soit une vie de privation continuelle; c'est la privation seulement des biens temporels. Mais si elle est privation pour les organes physiques, elle est la satisfaction des besoins spirituels. La vie du chrétien, c'est le bien-être moral; comme la vie de l'égoïste, c'est le bien-être physique. L'homme doit choisir sa nature.

Les riches du monde sont pauvres précisément par où les saints sont riches. La question est de savoir quelle est la valeur des richesses du saint et quelle est la valeur de celles du riche ; car les richesses n'ont de valeur que par leur propriété de satisfaire nos besoins. Quels sont ceux de l'homme : a-t-il besoin d'immortalité, a-t-il besoin de ce qui est passager !

Qui saurait compter les richesses de la douleur ! Les hommes qui ont vécu à l'abri de la douleur ont ordinairement peu de valeur parmi leurs semblables. La vie n'est parvenue à défricher en eux que la surface de l'âme ; leurs sentiments et leurs affections n'ont pu prendre de profondeur. Ils montrent encore cette sorte d'affabilité banale qui s'efface aussi vite qu'elle naît ; mais ils ne connaissent point cette large sympathie qui absorbe la douleur dans ceux qui en sont surchargés. C'est ce qui fait dire que le bonheur rend égoïste et que le malheur apprend à compâtir.

Celui qui n'a point souffert ne sait pas où prendre son âme.

La douleur s'occupe de rétablir l'égalité des consciences et des conditions devant Dieu. L'artisan, qui se fatigue du matin au soir, conserve ordinairement des membres sains et un esprit paisible ; la douleur visite rarement sa pensée ou son corps. Le riche, qui se condamne à l'oisiveté, sent à tout instant sa santé dérangée et son esprit inquiet ; la douleur, suppléant au travail, poursuit incessamment sa pensée et sa chair. C'est ce qui fait dire que les pauvres sont heureux et que les riches ont besoin de l'être.

La douleur met dans l'âme cette intensité si rare qui s'applique ensuite à toutes nos facultés, et qui, dans les sentiments comme dans les entreprises, fait les hommes supérieurs. Les hommes n'ont ordinairement de valeur que de deux manières : ou ils ont beaucoup reçu de la vertu des ancêtres, ou tout acquis par la douleur. L'intelligence et les grandes vertus se réveillent rarement d'elles-mêmes.

Celui qui a lu attentivement l'histoire des grands hommes, peut dire qu'ils n'ont connu qu'une chose, la douleur. Leur âme, plus profonde, contenait-elle à plus haute dose la vie? « C'est le sort des esprits de mon ordre, fait dire Byron au Dante, d'être torturés pendant leur vie, d'user leur cœur, et de mourir seuls. » Le Dante, en effet, fit cette belle remarque : Plus une chose est parfaite, plus elle sent le bien et aussi la douleur.

La douleur conduit l'homme plus avant dans l'être. C'est pourquoi elle mène aux grandes choses.

Qui n'a senti son être accru après la douleur... L'homme ne sait pas la valeur du secret qu'il porte ! La prière n'a un si grand empire sur Dieu que parce qu'elle est faite dans la douleur. L'âme heureuse n'offrirait que ses louanges ; mais offrir de son être ! offrir, lorsque le malheur semble nous tout ravir, c'est le fait de ce qu'il y a de plus divin dans la substance, c'est le trait même de l'infini ! Etre sublime que celui à qui il ne reste que le désir et qui le porte vers les Cieux !

Au cœur de l'homme n'est pas encore éteinte l'ardeur du saint désir, qu'elle est déjà vivante au Ciel. La prière de la douleur s'embrâse dans le sein de Dieu comme si la flamme sortait de sa propre substance. La liberté crée la prière, mais la douleur la met dans l'Etre. Delà, sa portée surnaturelle... Aussi fut-il toujours question de la prière de l'homme et non de celle des anges. Remarquez qu'on ne parle point, dans les Ecritures, de l'action que par la prière ils exercent auprès de Dieu : celle des saints fait le miracle!

Ah! les saints, et au-dessous d'eux, les hommes de génie, les poëtes, les artistes peuvent être considérés comme les enfants gâtés de la douleur. Ils éprouvent, il est vrai, de si précieuses choses dans le cœur; dès ce monde ils prennent part à de telles joies qu'ils n'appartiendraient plus à l'humanité, si la douleur ne leur réservait ses fruits les plus précieux. La couronne de laurier est un signe de douleur! Hélas oui, dans ce monde affligé, comme tout ne saurait naître de l'amour, c'est la douleur qui a réussi à préparer le plus grand nombre de saints, de héros, d'hommes de génie, et d'excellentes familles.

La douleur produit des saints, d'abord parce qu'elle ramène du monde des âmes que les circonstances de fortune, de naissance ou d'affection y auraient sans doute trop attachées; ensuite, lorsque l'épée est entrée jusqu'à la garde, l'homme retrouvant l'exquise joie qui existe au fond de l'extrême douleur, sent que c'est la main de Dieu qui vient de frapper, et il se retourne pour la baiser...

La douleur produit des héros, parce qu'elle ramène au loin les âmes de ses mystérieux champs de bataille. Personne n'est entré plus avant dans l'amour que celui qui a vu plusieurs fois la mort : en ces heures solennelles où le moi apporte son abdication. Par une action intérieure, la douleur produit le même effet dans notre âme. Elle tient ainsi secrètement son école d'héroïsme. Il n'y a rien de bon au monde comme les saints et les vieux soldats !

La douleur produit des hommes de génie et des poètes, parce qu'elle fait descendre l'homme plus avant dans son âme qu'il n'y serait jamais allé de lui-même. Il faut prendre les choses à une certaine profondeur si on veut les tenir de leur source. C'est toujours la grandeur du sentiment qui suscite un homme de génie, ou qui réveille un poète.

Rien ne met en nous de la solidité comme la douleur.

La douleur forme des familles remarquables, et toutes ces personnes révérées qui deviennent le trésor de ceux qui les entourent, exactement par les mêmes moyens. Je considère la douleur comme la source de toute profondeur dans le caractère et dans l'esprit. Elle fait atteindre aux sentiments une réalité à laquelle, ici-bas, l'amour seul ne serait pas arrivé. Il n'y a que la douleur pour chasser la légèreté, éteindre l'indifférence, donner son prix à la sagesse et à tout ce qui vient du cœur. Ne confiez jamais que peu de choses aux personnes qui n'ont pas souffert.

Enfin, vous savez qu'ici-bas, le

plus tendre de vos amis est toujours celui qui a le plus souffert, ou le plus réellement aimé, car l'un est comme l'autre. La mesure de l'amour fait la mesure de la douleur, mais la mesure de la douleur donne toujours celle de l'amour. Ces hommes dont le caractère est à la fois si ferme et l'esprit si doux, ces hommes sur lesquels se repose le cœur et que chacun désire consulter ne se rencontrent que parmi ceux qui ont traversé les grandes difficultés de la vie, qui ont été plus ou moins à l'école de la douleur. Vous qui avez souffert, vous ne savez pas combien vous êtes devenus précieux ; vous ne savez pas quelle lumière sort de vos yeux et quel miel coule de vos lèvres !

Vous qui souffrez, je voudrais que vous puisiez ici l'argument de vos consolations. Songez que la douleur est l'instrument divin qui prépare notre âme à la vie infinie. La douleur assurera vos droits à l'immortalité !

Soyez pleins de confiance en la douleur ; ou elle s'applique à fortifier en vous une volonté dont vous aviez besoin pour fonder votre personnalité vis-à-vis de Dieu, ou elle s'applique à agrandir en vous un cœur qui contiendra une plus grande quantité d'amour.

Vous qui souffrez, soyez tranquilles ; si votre conscience est en paix, vous travaillez pour ceux de vos pères ou de vos frères dont la patience n'aurait point su expier comme la vôtre. Vous voulez bien aussi savoir ce qu'est la reconnaissance dans les Cieux !

Réjouissez-vous donc, car peut-être, beaux comme des saints, vous portez fixé sur vos épaules par le nœud de la réversibilité, un manteau de douleur qui renferme l'avenir de plusieurs âmes que vous ne connaissez pas, mais que vous reconnaîtrez en Dieu !

Croyez bien que par la liberté humaine il s'opère une grande chose dans le temps, puisque toute une Eternité a pu être fondée sur un si faible point ! Vous qui souffrez, consolez-vous, consolez-vous !

La liberté humaine dans le

temps!... Ah! remontons à la première question! Sortons de l'enceinte de l'âme pour entrer dans celle de l'être.

CHAPITRE V.

Ontologie de la douleur.

Tout l'être se meut par la force même de Dieu. Cette force fera prendre à notre être une direction en quelque sorte infinie. La liberté, qui spécialise l'être en nous, décide de cette direction.

Par cette force, l'homme tend à

devenir ce que l'essence dont il est formé est dans sa source éternelle.

S'il tend à le devenir en se subordonnant à cette source éternelle, il y a amour. C'est là le grand bien de l'être.

S'il tend à le devenir en voulant se subordonner cette source éternelle, il y a orgueil. C'est là le grand mal de l'être.

L'amour est la vie de la substance éternelle, l'orgueil en eût été la dissolution.

L'orgueil est précisément le contraire de l'absolu. C'est le mouvement opposé à celui de l'infini : il rentre en soi au lieu de se répandre dans l'être.

Rester en soi, c'est là la grande

sottise du créé! c'est recontinuer pour lui le néant.

Au commencement, si l'orgueil se fût allumé dans la substance à la place de l'amour, la substance n'aurait pu retrouver son unité et son identité infinies... l'Absolu n'eût pas existé.

Chez la créature, l'orgueil consiste dans ce fait de ne plus considérer Dieu comme le soutien vivant de l'âme.

Or, par suite de la liberté, Dieu ne peut continuer de pénétrer dans l'âme pour l'entretenir contre son consentement. C'est en cela que l'homme a le moyen de stériliser son être.

Dès-lors, toute la vie a dû être

organisée pour prévenir l'orgueil et former l'homme à l'absolu.

Si la volonté faiblit, il faudra un obstacle de plus pour fortifier et rétablir la volonté. Si le cœur s'est enflé, il faudra une humiliation de plus pour contrister et abaisser le cœur.

Cet obstacle de plus offert à la volonté, c'est le travail. Cette humiliation de plus offerte au cœur, c'est la douleur. Puis, vient la suprême peine et la suprême humiliation, la mort. Après, l'âme reprend la grande vie...

Dans le mouvement nécessaire de l'être vers l'être, l'homme a reçu un amour suffisant pour se porter vers l'infini, et non pour revenir en lui-même.

Le mal dérive de l'impatience où est l'être de se procurer le bonheur sans passer par le sacrifice de son être. Cette impatience prouve la force de son désir, et la faiblesse de son être.

Mais le temps lui a été précisément donné pour que son être prenne la force de son désir, c'est-à-dire que son moi s'élève à la vie de l'amour, qui l'attend dans l'infini.

Pour s'unir au mouvement éternel, il faut que le moi ait la puissance de se sortir lui-même.

Il faut que l'être expose l'être pour le retremper à sa source ! Dans cet acte répété, il prend l'énergie avec laquelle il se serait lui-même créé, s'il avait été créateur.

Car l'être s'élance dans la lumière selon le mode infini...

Le sacrifice, ou l'acte par lequel l'être expose l'être, fait croître sa substance et fonde son moi.

En exposant son être par le sacrifice, l'homme est obligé de sortir de lui-même ; cette projection hors de lui n'a pu venir que de l'amour.

Le sacrifice est l'acte opposé de l'orgueil. L'amour est un élan dans l'infini, et non un retour en soi... C'est dans son éternel don que la Substance prend part à l'absolu.

Le sacrifice ! c'est l'acte véritable, c'est la vitalité du relatif. Le néant, c'est ce qui jamais n'a senti l'acte... le néant commence où finit l'amour.

Par l'acte du sacrifice, l'homme développe à la fois d'une manière suprême et sa causalité, constituant sa personne, et son amour, le constituant pour l'infini.

Eh ! voyez l'humanité, qui a su admirer comme la plus sublime des choses, le sacrifice ! Voyez à qui elle donne le nom de héros, le nom de grand, le nom de saint!

Humanité! humanité! pourquoi admires-tu les hommes qui savent mourir? Où y aurait-il tant de gloire à se démettre de la vie? Rien n'est d'abord que la vie, le Ciel lui-même s'en déduit?

Pourquoi une espèce de sainte amnistie s'élève-t-elle des champs de bataille ! Pourquoi Dieu a-t-il permis la guerre aussi longtemps au sein des hommes ! Pourquoi à cet être qui vit, est-il toujours noble, toujours saint, ah ! oui toujours glorieux et divin de mourir !

Mais il ne suffit pas de mourir une fois, il faut que la liberté répète cet acte sur tous les points de sa durée : il faut souffrir ! La liberté prend sa racine aussi avant que l'absolu...

La causalité est le germe de l'être. Ses efforts sont des actes constitutifs d'existence ; ils produisent, quoiqu'enveloppés dans le temps, des actes de réalité dont l'homme sera étonné dans l'absolu.

Or, le plus grand effort de la causalité est l'acte par lequel elle se met en jeu elle-même : l'héroïsme, la mort !

La vertu, qui suit le travail en détail, n'est qu'une tendance à l'héroïsme. La vie, qui prend l'œuvre par le pied, n'est qu'une marche savante à la mort.

D'ici vous comprenez ce que doit être l'existence...

SECONDE PARTIE.

CHAPITRE VI.

Suivez les pas de la Douleur, vous aurez le sens de la vie.

Spectacle étrange pour la pensée qui redescend de l'infini, qui connaît l'état immortel de l'être ! L'âme est déposée sur le bord de l'existence : elle a deux ailes, elle les déploie dans l'espace de la douleur! Le lien qui unissait la vie et le bonheur est brisé... L'homme entre dans l'impénétrable !

Qui expliquera le sens de la vie? Je suivrai les pas de la douleur.

La volonté ne se crée que dans la lutte, et le cœur que dans l'affection. La première vient d'elle-même ; parce qu'elle est pour rester elle-même! Le second se forme en autrui ; parce qu'il est pour vivre éternellement en un Autre!

Libre et sans bornes, la volonté voudra d'abord se mouvoir comme dans la sphère de l'esprit. Prenant conscience de lui, le cœur voudra d'abord rester en soi, pour aimer ce qu'il vient de saisir de l'être. Tel est le germe de l'homme.

Volonté, essence pure, comment inventer ici-bas un obstacle auquel on puisse te lier, et qui t'enferme dans la lutte? Et toi, flamme d'amour, comment trouver dans ces sphères un attrait qui puisse te fixer, et qui te décide à aimer?

Là, le génie de la création! La volonté sera liée à son contraire, le corps; et le cœur, à ce qui lui est semblable, le cœur!

L'inertie, appelée à former une enveloppe à notre âme, liera sa lourde chaussure à l'ardente volonté; pendant que l'innocente matière prendra la forme des choses que poursuit le désir du cœur!

L'espace est posée devant l'une, le temps est posé devant l'autre...

O merveille : l'acte et l'amour existeront !

Volonté, volonté, tu ne peux plus être sans lutter ; et toi-même, pauvre cœur, tu ne peux vivre sans aimer !

Et l'homme ne fera pas un mouvement sur la terre qu'il ne soit pour lui un effort ; il n'apercevra chose visible, qu'elle ne porte une impression dans son cœur. Dès-lors les sueurs couleront, vraies larmes de la volonté ; dès-lors se répandront les larmes, véritables sueurs de son cœur.

La lutte fondée, la personnalité va naître.

D'abord, la volonté et le cœur restent enfouis sous le triple verrou des organes, quoique, encore faibles et délicats, ces organes soient en tout proportionnés aux commencements de notre âme. Mais la terre vierge de l'innocence, toute rapportée du ciel, est comme la nature primitive de la vertu. Ainsi l'homme dans l'enfance.

Peu à peu l'âme secoue l'inertie, le poids de la paresse tombe, la volonté rencontre une obéissance plus aisée ; déjà rien ne lui coûte d'agir. Peu à peu également, l'homme sort de lui-même, l'attache du moi se délie, le cœur commence à vivre en autrui ; déjà rien ne lui coûte d'aimer. Ainsi l'homme dans la jeunesse.

Il faut qu'il se continue ; l'obstacle ancien ne suffit plus. Car celui dont le corps agile obéit, n'exerce qu'une volonté facile, l'acte n'est plus un effort ; et celui dont le cœur jeune, vit content, porte une affection naturelle, l'amour n'est plus un sacrifice. Ainsi l'homme vers l'âge mûr.

L'âme a grandi, elle ceindra une plus grande armure !

Pour augmenter la lutte de la volonté, il ne faudra qu'augmenter un peu le poids de l'entrave organique ; pour accroître l'exercice du cœur, il ne faudra que resserrer un peu le fil qui le rattache à lui-même. La vieillesse tient pour cet effet la grande vis micrométrique de l'existence...

Aussitôt donc que la volonté s'est rendue maîtresse du corps, la maladie, hâtant le pas de l'âge, vient doubler le poids du boulet. La volonté se servait d'un corps agile : elle emploiera un corps souffrant ! Pour le mouvoir, il faut qu'un double effort parte d'elle.

Aussitôt donc que le cœur commence à s'échapper de moi, la souffrance, augmentant l'instinct de la conservation, double le lien qui le rattache à lui-même. L'homme portait un cœur léger : il le sent chargé d'amertume ! Pour aimer, il faut qu'il s'arrache deux fois à lui-même.

(Dans la plus humble position il peut y avoir des héros !)

Et de la sorte se fait l'homme. Son corps va de plus en plus en l'accablant, l'amour d'autrui en s'éloignant. Tous les jours, la lutte grandit, comme la volonté ; tous les jours, le sacrifice augmente, comme le cœur. A tous les pas, on voit le sentier qui se dresse, et le sommet que l'on gravit plus dépouillé. . . . Ainsi l'existence s'échelonne devant l'âme. Or, chaque fois, c'est la douleur qui fait sauter l'échelon !

Tel est le secret de la vie...

Voyez ! tout a été préparé pour que la volonté soit de plus en plus chargée, et que le cœur trouve de plus en plus du mérite à aimer. Un bien est acquis, il commence à se perdre, afin que nous avancions sans lui. Personnes tendrement aimées, éloignées le jour où nous devions voir leur bonheur ; fortunes lentement amassées, dispersées au moment d'en jouir ; le tout pour mourir précisément le jour où nous avions compté prendre quelque repos dans la vie !

La vie ne s'arrête point... Les biens se poursuivent, ils ne s'atteignent pas. Nous sommes sur un plan ascendant. L'effort augmente après l'effort, et l'effort remplira le temps. Sysiphe, tu n'es pas le seul à rouler au sommet du mont le rocher qui redescend toujours. Mythe surprenant ! Antiquité, où as-tu pris ce symbole trop exact de l'existence humaine ?

Je ne parle ici que des âmes qui s'élèvent dans l'échelle spirituelle. Car, pour les âmes faibles et restées dans l'engourdissement des organes, l'épreuve du commencement suffit. Dieu est même souvent obligé de les assister de quelques autres prospérités de la vie, ainsi qu'on donne des encouragements à l'enfance. L'adversité n'est que la route des forts. Les saints seuls ont traversé à pieds les brûlants sentiers de la vie.

Lorsque l'âme n'a pas grandi,

il est inutile d'agrandir l'épreuve ; à moins que faisant un sujet de joie de sa chair, l'homme ait besoin que la souffrance vienne lui en retirer. De même, lorsque le cœur n'a pas germé, le léger sol de l'enfance suffit ; à moins que faisant de ce cœur un dépôt d'envie ou de haine, l'homme ait besoin que la douleur vienne l'ouvrir. Le méchant souffre sur son iniquité, le juste à cause de sa gloire !

Qu'on ne s'y trompe plus ! l'homme jamais ne jouira. Le souhait, l'unique souhait du cœur est celui qui ne s'accomplit pas ; toute chose se présente au moment où le désir finit. D'un bien acquis, l'homme s'élève aussitôt vers un autre, et c'est toujours dans le dernier qu'il espère prendre pied. Car l'espérance revient chaque fois lui aider à faire le pas.

Il marche ainsi jusqu'à la fin dans l'illusion de la vie.

L'homme ne peut s'arrêter, il n'a que le temps de grandir. La vie disparaît quand les efforts sont terminés et que la douleur est finie. La lutte est faite le jour où l'homme est résigné; l'amour acquis le jour où il a tout abdiqué! Car la résignation achève ontologiquement la volonté, et le renoncement accomplit le cœur.

Or, vous direz si l'existence a su mûrir ces deux fruits!

Pourquoi deux anges nous reçurent-ils à la naissance, et pourquoi, ô quelle loi! ce père et cette mère doivent-ils nous être arrachés? La vie entière est dans ce fait. Tout nous sourit, nous encourage au premier pas; puis, tout se détourne et nous laisse seuls au dernier... Oh! qu'il faut alors de force et d'amour dans une âme!

Ceux qui sont encore trompés par la vie, et qui la prennent sur son mot, ne doivent savoir que penser. Mais quoi! ce serait l'existence, cette pitoyable loi de vieillesse qui est toute la loi de la vie? La décadence, c'est la marche de ce qui vit? la ruine, c'est le mouvement de l'être? nous marchons dans l'existence, c'est la mort qui fait les pas? au sein de l'immortelle création, c'est le néant qui s'avance!

Effroyable chemin... nos parents meurent, nos enfants nous quittent, la jeunesse a fui, l'âge s'écoule, l'espoir est loin, cœur a perdu tous ses encouragements! Enfin l'âme va partir, quand tout-à-coup l'idée s'éteint, le corps en s'écroulant l'écrase... la nuit se fait... le vide est là!.... Tu vois le triomphe!! L'impuissance a surchargé la volonté de ses dernières chaînes, l'abandon a enlevé tout secours étranger au cœur... C'est alors que l'âme est une force pure, qu'elle est un amour parfait!

Les étais sont tombés, l'homme seul est resté debout!

Nous faisions, rien n'est fait;

nous amassions, rien n'est cueilli; nous construisions, rien n'est debout; nous vivions, et rien n'a vécu! Ce qu'on a voulu, dissipé! ce qu'on a aimé, disparu! Eh que reste-t-il donc de la vie? Celui qui a fait, cueilli, construit, vécu, voulu, aimé... La vie disparaît aussitôt que l'homme est créé!

Un jour, tout ce qui couvre ce Globe disparaîtra, et il n'existera que les âmes...

La vie est un feu; de l'être créé il ne restera que l'étoile incandescente qui doit monter dans les Cieux de l'amour.

CHAPITRE VII.

L'homme pleure en venant au monde, plus tard
il saura pourquoi !

La vie est faite pour former la personnalité. L'homme ne devait pas croître dans le sol des anges. l'homme a l'image de Dieu ! La liberté naît de la lutte ; or, la douleur n'est que l'intensité de la lutte et l'accroissement de l'obstacle. Ne vous le dissimulez plus, toute la vie est disposée pour la douleur.

Descendez dans le cœur, vous y trouverez la place faite d'avance :

Poursuivre sans cesse un bien, le seul qu'on ne puisse saisir, tel est l'âpre sentier qu'ici-bas tout désir gravit. Sentir au sein des richesses ce qui lui manque, tel est l'oreiller où chaque jour l'homme heureux s'éveille et s'endort.

Ce qu'on n'a pas, ah! voilà justement ce dont on a besoin! le reste nous est donné pour émerveiller les sots. Le bien que souhaite constamment l'âme ne viendra pas. Toujours une place vide dans le cœur... Une larme toujours tombe dans le vase de l'existence.

Vous possédez un bien, tremblez! à moins que d'autre part vous ne fassiez de grands sacrifices. Mais c'est un bien? tremblez, vous dis-je, c'est pour cela qu'il vous sera repris! Les biens ne sont pas ici-bas pour que vous les possédiez, mais pour que vous les obteniez.

Cherchez la paix où elle doit être, dans l'amour, vous ne la trouverez pas. Cherchez la paix où elle ne saurait être, dans la douleur, vous l'y rencontrerez! Eh! qu'est-ce que l'amour, si ce n'est une douleur... Le bonheur sème son propre chagrin; toute joie se brise elle-même.

L'espoir est pour s'évanouir, l'illusion pour disparaître, la jeunesse pour se flétrir. Aimes-tu? un cœur te sera refusé. Fus-tu aimé? ceux qui t'aimaient ne sont plus. Tout grand soupir reste ignoré, la vraie larme n'est jamais vue... le cœur, le cœur est toujours seul.

Du cœur revenez au dehors, vous trouverez autour de l'homme une embuscade toute prête :

Il marche suivi de quatre Ombres : la Détresse, le Souci, la Nécessité et l'Ennui. Comptez-les bien, elles forment les points cardinaux de la douleur. Celui qui mange boit la détresse; celui qui gagne prend le souci; celui qui tient saisit l'ennui; celui qui veut heurte la nécessité!

Et les quatre fantômes tracent leur ronde inflexible autour de lui.

L'homme s'échappera-t-il du cercle, c'est lui qui en porte le centre! Car selon que la vie lui arrive du matin ou du soir, du sud ou du septentrion, l'un des fantômes part comme l'ombre que projette son propre corps!

Les peuples marchent aussi accompagnés de quatre sombres satellites : la Famine, la Peste, la Guerre, et l'éternelle Oppression. Car, depuis le fatal jour, il n'est pas un des nobles fils d'Adam qui n'ait porté jusque devant Dieu la marque des fers sur son âme!

Que la famine, que la peste soient vomies des entrailles de la terre; mais que la mort sorte furieuse des propres entrailles de l'homme... oh! la guerre! Et tant de plaines ont été laissées fumantes de carnage que les nuages seraient souillés de sang s'ils n'étaient retrempés dans la mer!

Allez! hommes et peuples, roulez sur le globe qu'emporte l'espace; bondissez comme lui sur la grande voie des mondes, parcourez les sentiers nombreux des choses; traversez le feu, traversez le sang, et le sombre chaos, où sont les fantômes des créatures encore à naître : êtres libres, il faut remonter le néant!... Ame, franchis de ton vol tout l'espace de l'antique abîme; l'éternelle tempête te battra de ses eaux, les reptiles glacés glisseront sur toi, tes sueurs et tes larmes tomberont en gouttes de feu; va! traverse la région des ténèbres, entre dans les chemins azurés de la création... Les vents qui te froissent contre les rescifs te font acheminer vers l'existence supérieure. . . . . .

Je ne conserve aucun doute sur le travail qui s'accomplit dans le temps! La volonté ne se pose qu'en s'opposant son obstacle; sa nature est de s'accroître avec l'effort. De là, la marche de la vie... Ceux qui l'ont traversée vous le diront: à chaque pas la source des joies diminue et le torrent de l'amertume se grossit; un cœur toujours plus blessé pour porter un fardeau plus lourd!

Cultivez toute la vie une vertu, ce sera justement celle qui restera sans récompense... parce qu'elle n'en a pas besoin. L'homme transformera toutes les parties de son corps en un seul organe, et cet organe sera blessé. Il transformera toutes les tendances de son esprit en une pensée, et cette pensée sera détruite. Il transformera tous les désirs de son cœur en un désir, ce désir lui sera ravi. Comme le peuple romain dans le vœu de Néron, notre âme ne prendra qu'une tête pour que le sacrifice la puisse offrir! La mort vient sur le couronnement de la vie.

Pourquoi la jeunesse est-elle comme un ciel présent autour de nous; et la vieillesse, comme un néant qui commence? Ah! pourquoi tous les dons au commencement, lorsque nous ne méritons pas ; pourquoi l'abandon et les infirmités à la fin, lorsque nous sommes déjà soumis? Aux yeux de celui qui sait voir, comment pourrait être plus clairement posé le problème!

L'homme entr'ouvre joyeux les portes de la vie; la jeunesse pourvoit à tout. L'imagination comble l'esprit, deux ailes portent sa volonté et son cœur. Mais, peu à peu les encouragements s'éloignent. La poésie, l'espérance, la santé, l'une après l'autre, se retirent. Bientôt l'homme marche seul...il ne tire sa vie que de son propre amour!

Une à une se perdent les facultés ; un à un se ferment les yeux de l'espérance, pour que les Cieux invisibles montrent tout-à-coup leurs étoiles ! A mesure que le monde s'éteint, le cœur de l'homme se réveille. La lumière peut se retirer lorsque le jour s'est levé dans son âme.

Être libre ! comprends enfin le beau mystère de la liberté : la douleur fait le vide autour de toi, pour que tu t'élèves de toi-même !

La jeunesse, la joie, l'amitié, la divine grâce elle-même, n'est-ce pas, s'éloignent à mesure que s'attendrit ton cœur ? réjouis-toi : Dieu ému voit sa tendre graine germer sur le sol aride ! Il suspend toute rosée... elle germe encore ! Oh ! elle a crû et verdit d'elle-même!.. Dieu est ravi en son amour de ce que l'homme se devra tant!

La douleur recule immensément dans l'être les bornes de la liberté.

Ceux qui n'ont point compris ces choses sentiront leur cœur se troubler et la logique se briser entre leurs mains. La plainte sort nécessairement de celui qui considère la vie du point de vue de la vie. Mettez-vous à la place de l'homme qui prend cette existence pour une existence réelle! Quelle grâce l'immortelle création pourrait-elle trouver devant lui?

Souffrir! Qu'est-ce que ce serait que l'être? La vie, au lieu de s'arrêter au sentiment de l'existence, entrerait dans l'intensité de la douleur Qu'est-ce donc que la substance si elle ne s'aperçoit d'elle-même que par un profond sentiment de douleur?

Si la douleur résultait de l'être, si elle avait échappé à la création, il faudrait nier l'Absolu! La douleur un mal, la vie est un mal, la substance un effrayant malheur! Mais l'Absolu justifie l'existence; et la légitimité de l'existence pose la légitimité de la douleur!

Le problême de l'Infini dépend lui-même de la question de la douleur.

Vous sentez bien que si le mal est le mal, il descendrait de l'Infini; si la mort est une mort, elle entacherait la source des choses! Tout serait en contre sens en ce monde. Toi, être spirituel, pourquoi t'aurait-on embarrassé d'un corps? être libre, pourquoi t'aurait-on obligé d'obéir? être immortel, oh! dis-le, pourquoi t'aurait-on astreint à mourir?

Jeunes, pour vieillir? Être, pour souffrir? Créés, pour mourir? Mourir! mourir! il n'y a point de sens là dedans... Finir, parole stupide, s'écria Goëthe un jour : pourquoi finir? fini et rien c'est la même chose. Que signifie la glorieuse création, si ce qui est doit finir? Ah! c'est que ce qui est ne doit finir que pour commencer son immortalité!

La volonté ira pliée sous un corps, dont chaque jour le poids augmente ; le cœur se verra lié à des êtres, qu'à toute heure la mort lui reprend ; l'âme sera plongée dans une vie, dont chaque flot est plus amer, marchant régulièrement ainsi jusqu'à la vertu qui contient tout à la fois la volonté et le cœur! Je vous le dis, le Globe lui-même est conformé pour que l'homme arrive à la Patience! Un jour, on saura la quantité d'amour et de force que la patience contient...

Le temps est un songe où l'homme s'agite jusqu'à ce qu'il ait pris les forces de l'infini!

Va! va! aux ardeurs du soleil, à l'âpreté du froid, et dans les malaises du cœur, et dans l'inanité du corps, ce Globe est là pour que tu le laboures! Oui, laboure à la sueur... de ton front, et la terre refusera de produire... Tu viendras ramasser le seul épi qu'elle ait donné! et tu en feras à Dieu l'offrande. Tout-à-coup, il te ravit tes nouveaux nés... tu les lui tends d'un cœur doux et reconnaissant! Oh! cette fois, tu sens bien que le Ciel est pour toi.

L'homme a remonté toutes les épreuves de l'ètre, et son cœur est entré dans l'indestructible amour. Il est patient et doux, c'est-à-dire prêt à être éternel!

Souffrir... souffrir... Il fallait à ce fait une explication aussi vaste que l'infini.

CHAPITRE VIII.

—

Comment la Douleur a été régularisée dans une loi.

DU TRAVAIL.

Souffrir, vieillir, mourir, combien dans ces trois mots l'infini fait de choses! Comme la douleur a restitué toutes ses racines à la liberté, et fait de l'homme un être incommensurable! Mais voyez comme la vie est bien faite! avec quel art incroyable elle prépare la formation du relatif :

La douleur avait besoin d'être réglée et calibrée dans une loi : c'est le travail! Le travail en étend l'égale dose sur la surface de la vie. Car la douleur n'est point l'unité de mesure, mais l'intensité de la loi s'accumulant sur le point faible où elle a été appelée. Puis, il fallait que le travail lui-même fut fixé à l'homme par un besoin, et c'est la faim!

L'homme naît mou et superbe : il est si nouveau dans la substance! A peine sorti du néant, il faut qu'il désire l'être ; à peine en possession de l'être, il faut que l'orgueil ne le lui consume pas! Relatif, en un mot, il est nécessaire que le premier sentiment de sa vie soit un besoin, son premier pas un acte de dépendance en même temps qu'un effort. Delà la faim obligeant l'homme à se soumettre pour conserver son existence!

La faim? Avez-vous bien observé cette admirable invention pour un être... La théorie de l'absolu est toute là! A celui qui n'eût pas encore ressenti la faim de l'âme, lui appliquer celle du corps; lui en faire la nécessité de chaque jour, l'aiguillon de tous les instants! Dès-lors, comme son âme, l'homme sans cesse éprouvera le besoin de l'être, et ne le pourra satisfaire qu'en employant sans paix ni trêve sa volonté.

Comme l'infini a bien su tout trouver !

Arrêtez-vous devant cet homme frappant de la pioche ou du marteau depuis le matin jusqu'au soir (Pensez que l'Eternel est là haut!), et puis songez à ce qui se passe ! Pas une seconde sans un mouvement, pas un mouvement qui ne soit un acte, et pas un acte qui ne soit un effort... alors vous avez compris l'homme.

Il faut le tirer du néant! Le travail est le cric qui soulève peu à peu la volonté.

La liberté veut que l'homme se refasse lui-même. Il faut que l'âme reprenne son commencement ; elle doit renaître de sa volonté ! Il faut que l'homme s'édifie peu à peu, cran à cran, et pour ainsi dire seconde à seconde par la vertu d'un effort sans répit. Le travail n'est que l'acte continu. Si l'homme veut être, qu'il soit par ses propres forces !

Puisque l'homme est à faire, qu'il travaille ! puisqu'il est le fils de ses œuvres, qu'il travaille ! a-t-il fait bien, a-t-il fait mal, qu'il travaille ! Le travail obvie à tout. Il distille la volonté, élargit la source du cœur, approfondit la conscience. Le travail construit l'homme sur tous les points de son âme. Il est l'œuvre ontologique par excellence.

Aussi, le travail est la grande loi. Et ce simple mot dit à l'enfant qu'on *élève :* Fais tes efforts! La plus profonde métaphysique, la vie même ne parleraient pas autrement. L'inexprimable satisfaction que l'homme éprouve après le travail n'est que l'indication de la nature.

Remarquez bien! le travail ne retient pas seulement l'âme dans la position du relatif vis-à-vis de l'absolu ; il fait encore que l'homme sort de lui-même, il fait encore qu'il se donne! Tout grand effort vient de plus loin que la volonté. La sueur coule de ses membres en même temps que sa force. Pour gagner sa vie, l'homme est obligé de sacrifier de sa vie. Et le soldat, mettant le plus gros enjeu, fut toujours réputé l'ouvrier le plus glorieux.

Si vous pouviez vous faire une idée de l'état de l'homme en naissant, et puis de l'état où il est parvenu lorsqu'il touche au moment de mourir, vous comprendriez toute la vertu du travail sur un être libre! Ah! la grâce peut regarder avec envie l'œuvre de son rival humain! C'est une chose divinement remarquable que le développement de volonté, de cœur et de conscience trouvé chez l'homme dont la mesure de la vie a été remplie par le travail.

Or, la grâce vient de Dieu, tandisque le travail vient de l'être libre lui-même. C'est pourquoi l'absence du travail appelle aussitôt la douleur, qui obtient à son tour la grâce. Mais le travail, c'est nous-même. Sans enthousiasme, sans transports, sur tous ces êtres qui en restent presque à jamais incapables, il opère dans la masse le soulèvement des âmes. Le travail est le levier universel du genre humain.

Or, vous savez sa portée dans l'ordre économique.

Travail, fontaine renaissante de la volonté; travail, qui agrandis le passage du cœur; travail, qui reconstruis l'homme de la chûte; travail, ô toi qui fais en nous une vivante liberté, il faut que l'homme pour conserver même ici-bas son existence, te fasse monter dans ses membres comme une sève, te sente jaillir de son cœur comme le sang, et qu'il te répande en bienfaits sur ceux qu'il aime et qu'il élève autour de lui.

Ce n'est pas une faible chose que de tirer un être libre du néant! un être qui ne profite que de ce qu'il s'est lui-même acquis, un être dont l'âme doit commencer comme un rien pour être un jour comme tout devant le trône de Dieu! Avant la liberté, rien n'existe. Il faut que Dieu la fasse, sans que cependant elle soit faite... Sentez la difficulté de mettre l'homme sur la terre!

Dans quelle assez grande enfance y viendra-t-il?

Lorsque Dieu créa l'ange, il lui remit toute sa nature ; et cet être se leva ravi dans le Ciel. A l'être libre, Dieu ne peut remettre la sienne sans la violer. La liberté elle-même, il ne peut la lui donner : il faut que l'homme la prenne!

Il la prend par le travail.

C'est le travail qui produit la nouvelle et glorieuse Création des êtres libres! Sans le travail, nous reviendrions à cette première création d'Anges dont Dieu a fait tout le mérite...et qu'il n'a point rachetés! Le travail est une source ontogénique de liberté. C'est par l'effort qui vient de lui-même, que l'homme se forme lui-même.

Car il se forme de sa propre causalité. Le travail n'est que l'exercice constant de la cause ; laquelle s'accroît de sa lutte et de son effort. Mais ne fallait-il pas aussi que le mobile de la cause sortît du propre sein de sa substance ? Comment éveiller ce *punctum saliens* immortel ? C'est la merveille de la faim. La faim fait sortir l'homme du néant ! Toutes ces faibles créatures, à peine ouvertes à l'existence, ont si peu de sensibilité qu'il a fallu, hélas ! les laisser dans cette vive flamme, pour les tenir éveillées à l'être.

Que de précautions demandait un être libre ! D'un côté, ôtez la faim, plus de travail, le sommeil de la substance naissante.

D'un autre côté, faites naître l'homme éclairé et pourvu de sensibilité, il ne doit rien à sa liberté, le commencement et la direction de son être ne sont plus de lui.

On ne sait pas avec quelle justesse l'infini a pris la mesure!

Si, sur la terre, Dieu venait à détendre le niveau inflexible de cette douleur moyenne qu'on nomme le travail, il y aurait un affaissement effroyable de la nature humaine. Rendez tout-à-coup un peu de facilité à l'homme brut, un orgueil démesuré éclate, la stupidité fait sortir de son sein tout ce qui existe d'insensé, de ridicule et de dur. Prenez seulement le peuple au soir d'un jour de fête : supposez que le lendemain ne soit pas là près !

Il est des âmes que le travail ne peut quitter un seul instant ; sinon elles retomberaient au fond de l'état sauvage. Quand vous examinerez de près la vie, vous reconnaîtrez combien d'hommes ne doivent leur éducation qu'au besoin ! Beaucoup d'enfants qu'une tendre sollicitude des pères en a pour quelques jours retirés, redeviennent incessamment mauvais et les derniers des hommes. Il est vrai que leurs vices les reconduisent alors si bas que la misère reprend bientôt leur éducation par le pied.

J'ai vu les hommes incultes rire

et manger leur faible salaire aussitôt qu'ils le tenaient ; puis perdre leur clientèle, rester sans ouvrage et pleurer, et je les ai vu sans cesse recommencer ! Ne croyez pas que l'homme soit tout fait ! Un peu de bien-être le perd, un travail assidu l'élève. Le plus grand nombre a besoin d'être à tout instant rappelé par la forte question de la vie. J'en ai bien examiné plusieurs : ce sont des commencements d'hommes.

Pour ce monde même, il faut que les hommes arrivent par une route saturée de travail à une existence où il entre quelques loisirs. Encore, en reste-t-il peu qui puissent soutenir cette dangereuse position. Le luxe fait vite écrouler ce qu'on a mis plusieurs générations à édifier dans une race d'âmes. Il faut plus de vertus pour conserver une fortune que pour la recueillir ; la force qui l'a constituée ne suffit pas pour la porter. Les familles sont des dynasties de vertus ; le jour où ce sceptre leur échappe, tout redescend.

J'ai vu qu'il fallait que les rênes de la peine tinssent constamment la tête haute à l'homme. Aussitôt qu'elles flottent, sa volonté retombe et l'orgueil croît d'autant. Car l'orgueil se met tout de suite à la place de l'âme. Examinez avec attention les hommes ordinaires, ceux surtout qui vous sont soumis ; vous verrez dans quel moment leurs forces se cabrent en eux, dans quel moment, au contraire, toutes leurs vertus se relèvent. et vous serez saisi d'un sentiment inconnu d'admiration pour l'incomparable justesse avec laquelle la destinée humaine est pesée !

L'orgueil et la paresse, état natif de la presque totalité des âmes. oblige Dieu à les tenir ainsi dans les rigueurs du travail assidu. Laissé à lui-même sur le premier degré de l'être, le relatif y fût resté ; déposé là avec la force, l'orgueil eût enflé son être jusqu'à ce qu'il éclatât dans la ruine. Sachez comprendre : il faut que l'être libre naisse enfant, et que sa substance à mesure s'enferme dans sa volonté...

O noble race d'Adam !

Gloire à Dieu! la vie est faite pour préparer la liberté. Quels êtres faibles auraient voulu rejeter le glorieux fardeau! Il est des hommes, peut-être, qui regrettent de ne pas être nés des femmes; il en est sans doute aussi qui regrettent de ne pas être nés des anges, tout fabriqués pour le bonheur? Si c'est leur goût, je le leur laisse... Dieu a conservé une meilleure idée de nous! du fond de mon âme et de mon cœur, je lui en crie : MERCI!

La faim fait sortir l'homme de son germe ; le travail le fait croître de sa tige ; et la douleur, retirant tout sol rapporté, lui rend ses propres racines. Dans l'infini seulement on verra ce que vaut la faim... Mais la faim ne maintient pas seulement l'âme dans la position naturelle du relatif; le travail n'habitue pas seulement le cœur à sortir peu à peu de lui-même afin de se donner par amour ; et il ne crée pas seulement dans toute l'humanité une liberté radicale en soi ; il sait encore, dispensant la douleur avec art, fonder pour les différents états des âmes les différentes situations de la vie.

CHAPITRE IX.

—

Comment le travail applique la douleur aux différents états des âmes.

DES POSITIONS DE LA VIE.

J'ai dit plusieurs choses profondes dans un langage devenu clair. Suivez encore la douleur, je vous découvrirai presque tout le monde moral.

Dieu nous a dit qu'il créait l'homme à son image. Le Dieu de l'infini n'est pas un simple producteur de phénomènes, il est le créateur de l'être. Lui, Dieu vivant, lui, Absolu, il a fait l'être selon ce qu'il est, autant et comme il est lui-même. L'homme a reçu le fond de sa substance; il a son commencement, il a sa causalité.

Mais comme il ne peut y avoir qu'un infini, il a fallu que cette création fut placée en dehors des données absolues. Les libertés ont été répandues dans le champ de l'existence relative. Si elles n'avaient pas été soustraites à l'absolu, leur premier acte devenant irrévocable, elles eussent perdu du même coup le bénéfice de la liberté.

La liberté devait entrer dans le temps libre.

Or le propre des êtres libres est de ne point se ressembler. L'empire de la liberté est celui de la variété innombrable. Si la vie était la même, elle ne serait que pour un seul. Les situations qu'elle offrira doivent être également innombrables. En cela je reconnais le noble champ des êtres libres !

Il faut bien calculer que les âmes partent de ce monde. C'est là cette plage du temps où l'on voit les innombrables libertés éclore, se lever et se mettre en marche pour la première fois ; là, qu'allant toutes selon leur pas, les unes lentement, les autres d'un vol plus léger, elles s'échelonnent et se distribuent, suivant leur nature, sur les diverses zônes du monde moral.

Les êtres libres s'élèvent ou s'abaissent comme les instincts dans leur cœur...

Car toute âme commence à s'aimer sur un point; point d'où part l'égoïsme qu'elle est appelée à détruire. De là autant de sortes de caractères dans les âmes qu'il peut y avoir de degrés dans l'échelle infinie de l'amour. C'est cette diversité de degrés qui malheureusement produit sur la terre une hiérarchie extérieure.

Ainsi, sur les diverses zônes de la peine, voit-on à travers le temps les civilisations s'échelonner : depuis les peuplades barbares et les habitants des déserts jusqu'aux nations les plus avancées; et, dans le sein d'un même peuple, depuis l'âme inculte de l'homme luttant contre les éléments jusqu'au cœur ému du poète ou de la vierge vouée à Dieu.

Certes, l'ambition et la paresse, la magnanimité et l'injustice, la triste faiblesse et l'audace, la gourmandise et l'avarice, la noblesse et la vénalité ne peuvent recevoir le même traitement de la vie!

Dieu a rendu la vie accessible à toutes les âmes. L'égalité ne se fût mise qu'à la portée d'une seule. Dans leur développement, les unes se seraient aussitôt élevées au-dessus, les autres seraient tombées au-dessous de ce tyrannique niveau. Les libertés détruisent d'elles-mêmes leur égalité d'origine devant Dieu.

Il faut que la vie les puisse toutes recevoir. Celles qui ont rejeté une épreuve plus spirituelle sont remises à une épreuve inférieure : il y a des épreuves à tous les degrés de la matière avant d'entrer dans celles qui dépendent de l'esprit. La douleur sait s'adapter à toutes les mesures !

Car, selon que les âmes se placent sur un cercle plus ou moins élevé, le genre et l'intensité de l'épreuve diffèrent. Le travail revêt autant de caractères que la liberté a de formes : il crée autant de sortes de positions dans la vie qu'il y a de sortes d'instincts à détruire ou à cultiver dans les âmes.

Et d'abord, nos cœurs demandent à être attendris : or à l'un il faut les plus longues douleurs, à l'autre la contemplation fera venir les larmes! Nos volontés demandent à être développées : or à l'une il faut l'emploi des plus grands leviers, il suffira pour l'autre d'être remise à elle-même!

Dans sa loi, le travail a tout prévu. Où la liberté morale n'est qu'en germe, il se condensera : où les volontés étendent leurs aîles, il se raréfiera. Le travail sait se retirer ou s'accumuler où il faut! Et il n'est pas jusqu'à la triste phalange de ces hommes que notre propre loi condamne aux *travaux forcés* qui ne voient leur liberté aux prises avec des peines plus lourdes. Car leur orgueil les conduisit jusqu'à la cruauté des bêtes.

Le travail ne devait pas seulement étendre la loi de la douleur sur la surface du genre humain; il fallait qu'il la répartît et l'appropriât aux divers besoins des hommes. Il fallait enfin qu'il se divisât selon ses différents éléments pour appliquer chacun d'eux à la vertu spéciale qu'il fait naître.

Le temps aussi a ces cercles pour l'échelonnement des âmes!

Les hommes naissent dans les

positions les plus avantageuses à leur formation. Au besoin ils savent y venir d'eux-mêmes. Ce monde est un miraculeux atelier. Là le travail se dispense suivant la nature de toutes les libertés. Les professions diminuent d'intensité selon ce que l'âme a acquis de volonté. D'un genre d'efforts les générations d'âmes passent à un autre, suivant le côté en elles qui s'est formé. De là toutes les positions de la vie.

La Société offre l'échelle toute faite. Ceux qui s'élèvent doivent s'élever ; ceux qui redescendent doivent être de nouveau abaissés. Les âmes tombent d'elles-mêmes à leur place. Le propre poids de l'orgueil et de leur faiblesse les fait toujours toucher terre au point d'où il faut qu'elles repartent. Bien souvent la grossièreté des organes du corps vous indique la marge qui reste encore devant une âme!

Aussitôt que l'homme a quelqu'avantage, il en profite pour son orgueil. C'est pourquoi il n'y a de possible qu'un si petit nombre de positions élevées. La surprenante quantité des situations pénibles de la vie, et l'universalité des conditions inférieures montrent l'état du plus grand nombre des âmes. L'ordre économique est bien plus exactement encore l'ordre psychologique du monde!

Avez-vous regardé de près dans

les âmes le plus rigoureusement condamnées au travail; quel repaire incroyable de présomption! Approchez, dites une parole, vous les verrez bourdonnantes d'orgueil. Le sauvage et le barbare se trouvent précisément dans cet état. L'orgueil est au commencement de l'être. Les âmes grossières ne sont autre chose que celles où l'orgueil occupe encore tout. C'est pourquoi elles sont toujours prêtes à blesser, à vous jeter leur égoïsme à la figure.

Observez-les parmi elles! comme un seul mot tombé sur ces faibles esprits les fait aussitôt éclater; comme le moindre succès chez ces pauvres hommes les enfle au-dessus des rivaux; comme le plus petit gain leur fait croire que le travail des bras n'est plus pour eux ; comme la ruine suit tous leurs pas. Imaginez-la un tète qui, sans tourner, puisse être élevée aux honneurs ; un cœur qui, sans se dissoudre, puisse avoir l'or autour de lui ; un homme enfin pour qui la sévère loi puisse être abrogée un seul jour!

Otez le travail, ôtez la faim qui le produit, et essayez de concevoir l'homme sur la terre! Ah! la rigueur même de notre loi prouve la difficulté d'élever le relatif par la voie libre.

Si Dieu avait mis un peu plus d'amour dans la création, il l'aurait perdue... Adam même fut obligé de se recommencer par la chûte ! Aujourd'hui encore, le moindre inconvénient de gâter un enfant est d'en faire un homme inférieur. Des pères ont rassemblé une grande fortune ; des enfants élevés dans les soins la mangeront. La fortune tombe des doigts qu'elle a ramollis. La vie n'est faite que pour offrir la lutte à la liberté et consolider la personne.

Dieu évite avec soin de placer les âmes dans des positions où leur amour-propre ne saurait tenir. Je reconnais parfaitement l'impossibilité où il est d'élever une multitude d'hommes, quand j'en trouve si peu dont le moindre changement de position ne ferait pas éclater un orgueil que jusqu'alors ils ont pu contenir. Il faut voir de près la vie. Une vertu entièrement dépouillée d'orgueil est très-rare. Voulez-vous savoir si un homme en est exempt? supposez-le tout-à-coup à un rang supérieur, et rendez-vous ce compte que rien ne saurait s'enfler sur aucun côté de son âme!

Je le répète, les positions de la vie sont les positions des âmes... Chacune est déposée sur sa vertu, et de manière à combattre constamment son vice. Il est inutile de faire un marchand de celui qui n'a pas le goût exagéré du gain; un valet, de celui qui n'a pas tout son orgueil à contenir. Chaque profession a sa vertu derrière soi, et son vice à combattre devant elle. Les hommes sont plus à leur place qu'on ne pense ; seulement. personne ne le peut avouer.

Par le travail, la douleur, comme une loi, est donc également étendue sur tous les points de l'existence ; et, par les diverses professions, elle est soigneusement appliquée aux différents états des âmes. La vie est entièrement organisée pour le Ciel.

Mais cet homme, né pour le Ciel, reste souvent courbé sous la forte loi de la terre! Ne faut-il pas qu'il ait un aide dans le travail, et un secours dans la Douleur? Quel ange se tient donc prêt à lui tendre la main, et à descendre avec lui dans toutes les positions de la vie?

La femme a été mise belle et bonne sur la terre pour tempérer la douleur. Aussi, les femmes sont toujours ce que mérite l'homme. Elles correspondent essentiellement à l'état de la nature humaine. Remarquez comme elles contractent divers aspects de beauté et de caractères suivant les diverses classes pour lesquelles elles sont faites, absolument de même que suivant les différents peuples de la terre auxquels elles appartiennent. Les femmes ressemblent aux âmes des hommes; leur beauté est toujours proportionnée à notre cœur.

La femme a été créée belle et bonne, mais Dieu lui retire ces attributs aussitôt qu'il voit la nécessité de laisser agir la douleur. Un peuple chez lequel on voit les femmes prendre l'esprit de l'homme, c'est-à-dire mettre leur vanité avant leur cœur et passer d'abord par l'amour d'elle-même, est un peuple que Dieu punit ou commence à abandonner. La coquetterie annonce le grand malaise d'une nation. Quand vos femmes ne sont plus pour vous, craignez qu'il n'en soit ainsi de Dieu.

Mais aussitôt que chez un peuple le travail et la vertu accomplissent leur forte et sublime loi, la femme reprend ses attributs. Que l'homme sache juger de l'état du

Ciel dans ses regards! Dieu l'a relevée pour nous d'une partie du travail. Chez l'homme grossier, et chez le barbare, elle le reprend; comme elle en devient de plus en plus exempte dans les civilisations qui s'élèvent.

La femme tient beaucoup de la mission angélique. Elle aura moins combattu que nous. D'abord elle n'est pas d'une essence ontologique tout-à-fait semblable à la nòtre. Son bien n'est plus autant le mérite acquis, sa perfection est d'un autre ordre. Elle a moins de volonté que de cœur, son corps lui-même a moins besoin de travail; et comme à l'ange on lui demande, pour rester parfaite, de conserver sa pureté.

Aussi, préfère-t-elle aimer et être aimée à la manière de l'ange. Elle sent moins que l'homme le besoin de liberté.

C'est pourquoi les femmes qui s'éloignent de l'innocence rentrent dans la destinée de l'homme. la responsabilité et le travail augmentent aussitôt pour elles ; absolument comme pour Adam après le choix qu'il a fait. Ce n'est pas un faible indice de ce qui se passe ontologiquement en leur âme que ce caractère masculin qu'elles revètent alors extérieurement. Là n'est point leur nature, et, dès ce monde, elles le sentent déjà pour le bonheur.

Héros de la nouvelle création, l'homme porte le travail, et la femme porte l'amour : car cette création, toutefois, n'aurait pu se conserver sans l'amour! Au sein des choses, la douleur, comme la liberté, a eu sa transition nécessaire pour passer de l'esprit bienheureux de l'ange au cœur trois fois vivant de l'homme! Tout est prévu sur la terre, le travail et son arrêt, le bien et ses secrètes sources, le mal et ses canaux de fuite, et toutes choses que je n'ai pas dites...

La douleur, certes, n'entrera pas au Ciel; mais sur la terre, elle a une tout autre réalité que l'amour!

CHAPITRE X.

—

Les âmes sont graduées dans la vie sur les zones de la douleur.

HIÉRARCHIE MYSTIQUE

Race d'Adam, vous croyez travailler la terre, et vous cultivez le Ciel! Le temps est établi de manière à assurer tous les pas de la liberté. Pour elle, la vie est déjà graduée comme le Purgatoire et les Cieux le sont pour l'épreuve et pour la gloire.

Comptez vos instants ici-bas : un jour vous en verrez le prix dans l'infini! Votre situation dans le temps indique celle de votre âme au méridien éternel. Vos souffrances sont les degrés que vous franchissez sur l'échelle invisible des esprits.

J'écris, et ne vous parle pas, de sorte que je ne puis vous dire combien vos peines sont précieuses... Nous ne restons sur la terre que pour faire un pas de plus. Or, chaque pas est amené par la douleur. Sa flamme s'attise sous nous pour nous obliger de partir. L'âme va s'élever de motif en motif jusqu'à la pureté de l'être!

Or, le motif qui se rapproche le plus du pur motif du Ciel est celui de la gloire. Aussi, Dieu tàche d'élever à la sainteté ceux qui, dès leur naissance, ont connu le sentiment de la gloire.

Le motif qui se rapproche le plus du beau motif de la gloire est celui de l'honneur. Aussi, Dieu tàche d'élever à l'idée de la gloire ceux qui, dès leur naissance, ont connu le sentiment de l'honneur.

Le motif qui se rapproche le plus du noble motif de l'honneur est celui du juste. Aussi, Dieu tàche d'élever à l'idée de l'honneur ceux qui, dès leur jeunesse, ont trouvé leur âme dans le sentiment du juste.

Le motif qui se rapproche le plus du strict motif du juste est celui de l'intérêt. Aussi, Dieu tâche d'élever à l'idée dominante du juste toutes les âmes qui sont nées près des motifs de l'intérêt.

Enfin, le motif qui reste après le mince motif de l'intérêt est celui du plaisir, qui ferme l'homme dans son corps. Et Dieu tâche d'attirer ces faibles âmes au goût de la possession par le désir du bien-être et de la propriété.

Ainsi s'échelonnent les hommes.

Le travail de Dieu sur ce monde est de placer un levier sous chacun d'eux, afin de soulever l'âme du degré où elle s'est posée au degré qui lui est supérieur.

Or, entre chaque degré il a

toute une vie... et ce levier qui la soulève est la douleur.

C'est pourquoi il ne faut point troubler les âmes en ce qu'elles sont; elles ne comprennent point les choses placées au-dessus d'elles. La lumière, seule, est assez délicate pour descendre en initiatrice. L'homme n'avance que par un effort de plus dans l'amour; un plus grand amour ne s'embrâse qu'au feu ardent de la douleur.

Telle s'offre la Société humaine, immense gradin où les âmes sont assises! Au faîte étincelle la triple flamme de la vertu, du génie et de la douleur. Au bas sont les peines moins grandes, comme aussi les sentiments moins profonds. A mesure que le regard descend on voit le rire augmenter; à mesure qu'il se relève on voit régner le sérieux, inséparable sentiment des grandes choses!

Qui n'a jeté des yeux surpris dans ce mystérieux amphithéâtre des âmes! Sur la terre, les cercles de l'édifice se construisent pour elles comme le Poète les entrevit dans les lieux qui les attendent. Puis, les révolutions les transportent toutes à la fois. Mais c'est le char élevé des saints, des poètes et des hommes de l'honneur qui entraîne le mouvement du monde. Les autres forment l'obstacle, que la pratique oppose à toute chose humaine.

Plus une nature est élevée, plus est en elle le sentiment de l'infini, et plus elle souffre de la vie. Moins une âme contient de ce sentiment divin, moins elle se trouve en disparate avec ce monde. Mais plus, alors, elle a besoin d'être vivement travaillée par le temps. Sur les différentes zônes des peines les âmes sont graduées dans la vie.

Dieu prévoit ceux qui n'éprouveraient pas les peines morales, et il les expose aux peines de la faim. Il est si peu de sensibilité dans ces milliers d'êtres au sortir du néant, qu'ils les faut à tout instant réveiller par ce vif sentiment de leur existence en question! L'homme a eu besoin d'être un corps, afin que le traitement de la vie descendit aussi bas que cela serait nécessaire...

A ceux qui ne ressentiraient pas les peines de la conscience, Dieu envoie donc les dures peines du corps. A ceux qui ne ressentiraient par les nobles peines de l'honneur, Dieu envoie les peines vulgaires de la fortune. Enfin, à ceux qui n'éprouveraient pas encore les saintes souffrances du cœur, Dieu prépare les inquiétudes de l'esprit.

Les âmes sont déjà échelonnées ici-bas comme dans le Purgatoire.

Toutes les vertus et tous les cœurs sont à leur place. L'aisance se construit aisément autour des esprits fermes et des habitudes économes; et la richesse dissout promptement les familles qui ne conservent pas leur grandeur. La grandeur, c'est la prédominance de l'âme. Dieu a eu beau choisir les races royales, leur naturelle noblesse n'a pu constamment tenir contre des siècles de prospérité. Revenues plus tard sur les niveaux de la vie, on a vu maintes fois, par l'exil, ce qu'il y avait encore dans une âme royale.

J'invite vivement les hommes bien nés à suivre l'inspiration qui est en eux. Nos bons mouvements nous sont toujours donnés en proportion de notre nature. Beaucoup ignorent combien il sera dur à leur cœur d'être restés au-dessous d'eux-mêmes. Toutes les satisfactions qui ne passent pas par la conscience sont nulles. L'homme d'une nature avancée tôt ou tard le ressent, et, faute de joie interne, il tombe dans la détresse morale

Souvent une jeunesse perd de la sorte des natures développées, qu'avaient mis tant de soins à préparer les générations précédentes. Le jour où le plaisir finit, l'homme ne sent plus en lui qu'une conscience attiédie, incapable d'éprouver le doux sentiment intérieur. Le moi dépouillé se trouve seul en face de son terrible vis-à-vis ; dès ce moment l'homme est battu. Car une fois l'orgueil entré dans le désert de ce cœur, il rejette tout, il prend le mépris de tout : l'orgueil a une spirale pour descendre dans sa ruine... Dès-lors l'âme est à refaire ; dans l'échelle de la vie, elle va revenir au bas, et recommencer le grand cercle.

Car les sentiments devenus communs chez les pères reparaissent dans les enfants. Chez ces derniers, la liberté a de plus à combattre la loi de la progression génératrice. Une race lentement élevée sur la force de la vertu est vite sapée par le vice. Quant l'âme perd de sa noblesse, les motifs élevés n'ont plus de prise sur elle : elle est remise sur les leviers grossiers. La douleur sait toujours à qui elle a affaire... Il faut franchir les classes du travail pour se tenir dans les classes où il entre de l'amour.

Le grand point est que l'homme sorte de lui-même pour prendre le mouvement éternel de l'être vers l'être. Le travail est donné dans ce but. C'est le travail qui commence l'amour ; par l'effort il habitue l'homme à sortir peu à peu de lui, jusqu'à ce que l'amour opère ce mouvement complet en le portant dans autrui. L'homme en serait presque toujours incapable dans les débuts de la vie. Seulement le travail n'a point pour l'homme ces égards qu'il trouve plus haut dans l'amour.

Voici pourquoi l'amour est plus que le travail : l'amour se donne nécessairement à un autre que soi, au lieu que le travail revient ordinairement à lui-même. Le travail fait les premiers pas de l'amour ; c'est pourquoi il avait besoin des encouragements de ce monde. Mais c'est encore par le travail que la masse du genre humain peut se sauver, et qu'à l'heure de la mort, l'âme se trouve secrètement préparée à l'acte définitif de l'amour! Ceux qui, dès l'abord, sont entrés dans une des voies de la justice ou de l'amour, ont eu le temps de conduire plus haut leur âme. En présence de Marthe, Notre-Seigneur disait à Marie qu'elle avait choisi la meilleure part.

Il faut bien en prévenir ici, c'est une remarque que j'ai faite : toutes les âmes orgueilleuses naissent dans les classes inférieures. Les âmes nobles et tranquilles naissent toujours sur un niveau d'où leur humilité peut se répandre.

Parmi les premières, beaucoup ensuite ont profité des leçons que leur donna, hélas ! avec profusion la vie ; comme parmi les secondes quelques-unes ont mésusé des avantages dont le Ciel les avait couronnées. Mais voyez comme toutes, quoiqu'elles en disent, sont nées où il le fallait ! Ceux qui suivront la remarque que j'ai faite en resteront de jour en jour plus frappés.

Dieu ne laisse à peu près la grandeur qu'aux âmes qui la peuvent porter. Vous verrez toujours les envieux, quoiqu'ils emploient tous les moyens, ne pouvoir jamais réussir. Même dans des conditions meilleures, il est des âmes que Dieu préserve du luxe ; celles surtout que vous voyez à grands soupirs regretter la fortune.

Dieu nous donne tous les biens que nous pouvons porter. Ici-bas, chaque point est merveilleusement calculé pour l'infini. Chaque âme y est reçue sur son échelon ; et il n'est pas un mot du drame qui va s'ouvrir devant elle qui n'ait été mis à sa place. La vie est faite pour nous ! La position de tout homme, qu'il l'avoue ou qu'il le nie, est au juste le traitement qui lui convient.

Seulement, il en est parmi nous qui dès l'enfance ont aimé les arts, et ils ont demandé leur pain le reste de leur vie. Leurs joies aspiraient au Ciel, et elles y sont restées ! Pauvres âmes, pauvres âmes... mais que l'infini est beau ! Paix, paix sur la terre aux hommes qui ont rêvé la beauté! qu'aucune honte n'atteigne l'homme ébloui par les Cieux!

Le rapport établi entre la nature de la douleur et les divers états des âmes produit toutes les positions touchantes de la vie. Que d'ingénieuses douleurs préparées à l'homme de génie trop ardent, au poète toujours ravi, au cœur vertueux qui s'exalte; et puis, à la mère trop tendre, à la fille trop crédule, au jeune homme trop attendri!

Et quelle douleur aux doigts divins pour toucher au cœur extasié des saints! Mais que de douces souffrances s'éveillent aux chants du rossignol, au murmure lointain des vents, au seul aspect mélancolique de la nature! Ah! quelle flamme traverse le sein dans un doux sentiment partagé, ou dans les transports de l'amour divin!

Or, dans ces classes libérales où une partie du travail se métamorphose en amour, la peine en s'éloignant des membres entre si avant dans les âmes, que je ne saurais plus la dire sans tenir le langage des saints! Et moi je ne puis tenir que le langage des hommes...

Je n'entrerai pas dans le royaume de la douleur invisible; je ne monterai point sur ces lieux où la douleur se répand par soustraction d'espérance.

Car l'espérance ne vient pas de l'homme. Ce qu'il a nommé ainsi n'est que ce rayon de l'absolu qui arrive jusqu'à lui à travers le brouillard de la vie.

Lorsque Dieu ferme son Ciel pour voir combien ses âmes l'aiment, elles se sentent tout-à-coup prises dans une telle mélancolie, que leurs angoisses deviennent toutes semblables au remords...

C'est pourquoi il ne faut révéler à personne le mal qu'il ne porte pas. Je dirai seulement les choses du chapitre qui suit.

CHAPITRE XI.

La Douleur équilibre pour le Ciel le cœur et la volonté.

Ne pensez pas que la douleur ne vienne sur la terre que pour donner son résolvant au mal. Elle y est aussi particulièrement appelée pour apporter son multiplicateur au bien. Vous la verrez oublier par moment la pénible réduction du méchant pour s'occuper de la sainte progression des bons.

Que le juste ne s'étonne point des nombreuses visites de la douleur. Souvent elle est obligée d'entrer chez lui pour rétablir l'équilibre entre les deux pôles précieux de son être, la personnalité et l'amour!

On voit la douleur s'adresser effectivement à ces personnes dont le cœur expire de douceur et de sensibilité : là elle accourt pour leur faire obtenir par l'effort une personnalité proportionnée à leur amour. Les êtres les plus sensibles seront particulièrement atteints; il faut bien qu'elle en fasse des saints ! C'est ce qui explique pourquoi beaucoup de femmes ont tant souffert.

Également vous verrez la douleur s'adresser à ces hommes dont le caractère est si plein de grandeur et de fermeté : là elle vient pour dire aux larmes d'arroser les racines d'un amour qui doit grandir autant que leur personnalité. C'est ce qui explique pourquoi on vit souvent les grands hommes rappelés un jour, comme le fut Napoléon, par les obligations de la douleur.

La douleur sait, en tombant sur un cœur attendri, y fortifier une volonté que la bonté empêchait de croître ; et, en tombant sur une personnalité altière, y adoucir un cœur que la fermeté eût empêché de s'ouvrir. Etes-vous doux, elle vous rend forts; êtes-vous forts, il faut bien qu'elle vous rende doux!

Quelle lame à deux tranchants! dites qu'elle ne fut pas faite en vue de la nature humaine!... Placée dans l'intérieur de notre être, la douleur proportionne sur la donnée infinie le cœur et la volonté.

Qui vit comment son âme est faite! Qui sait où son égoïsme est fixé, qui sait où se tient son amour? Souvent l'endroit le plus parfait et le plus délicat du cœur, est celui où l'humilité seule entrait. Souvent, dans la vieille habitude d'un vice toujours présent, on perd de vue la plus grosse méchanceté de son âme. C'est la douleur seule qui nous trouve. Tout homme est fait comme sa douleur...

Ah! qui remplacerait en lui cet ouvrier invisible! On est toujours étonné plus tard que la douleur ait visé si juste... Puis, aussitôt que le cœur s'arrête, la douleur le remet en marche. Dans les âmes que Dieu veut rendre parfaites, il faut qu'elle ait partout passé. A chaque pas, sur sa trace, elle laisse une abnégation. O vous qui cherchez l'amour, laissez Dieu mener votre âme par où il faut!

Lorsqu'on a longtemps souffert, on est un jour tout surpris de ne plus retrouver son égoïsme. La douleur use le moi; plus rapidement peut-être que la vie. Après de longues douleurs, l'homme, empressé de visiter son âme, retrouve ses plus gros vices abattus. Telle que le burin du tour, vous verrez constamment la douleur se placer sur les côtés les plus saillants du moi. D'une forte passion, d'une excroissance de l'orgueil, elle fait naître une grande fleur! O vous qui cherchez la beauté, laissez Dieu former à votre âme la couronne qu'il lui faut!

Tout en croissant sur sa tige de liberté, la belle plante spirituelle ne se déformera donc point; la douleur est là pour la découper suivant ses proportions immortelles! Prenez-vous trop de fermeté, Dieu vous en retirera pour que vous restiez dans les limites de votre amour. Vous remplissez-vous trop d'amour, Dieu vous en reprendra pour qu'il reste contenu dans les limites de votre pouvoir. Les fous seuls ont été manqués par la douleur.

L'homme entièrement formé avec la volonté, a besoin d'être attendri par le Ciel. La volonté ne fait que l'homme, et l'homme s'élèverait dans son orgueil! Il faut que notre cœur s'ouvre proportionnellement à la source impersonnelle. Souvent celui-là va en arrière qui travaille le plus pour avancer. C'est ce qui arrive en dehors de toute grâce. La volonté privée du cœur s'érige en haine. Il n'y a pas toujours assez d'ampleur dans l'âme pour que l'action laisse la place à la bonté.

L'intelligence ne fait pas le grand homme ; et la volonté d'un grand homme ne fait qu'une entêté de celui dont l'intelligence est étroite. Pour posséder un esprit vaste, il faut avoir vu toutes choses. Mais pour avoir pensé à tout, il faut avoir successivement tout aimé. Un grand amour a pu seul retenir l'âme suffisamment sur chaque objet. Jamais le bon sens ne sortit d'un cœur étroit. Livrez-vous aux esprits mesquins, vous ne tarderez pas à souffrir d'un pareil défaut de leur cœur.

On ne sait pas l'importance de l'équilibre du cœur et de la volonté ! La méchanceté n'est qu'une persistance de la volonté sur un point où c'était au cœur de reprendre : la faiblesse, qu'une inaction du cœur lorsque c'était à la volonté de marcher. La lâcheté habite le fond de ces cœurs mous où le vouloir est submergé. Ne vous plaignez donc jamais si la douleur retire à votre personnalité pour le donner à votre cœur ; ou si elle dérobe adroitement à votre cœur pour l'ajouter à votre personnalité... vous voyez bien que tout se fait pour vous !

L'âme sera parfaitement belle pour les Cieux. Au sein de l'infini, à quoi servirait beaucoup d'amour s'il ne pouvait être contenu dans notre personnalité; à quoi servirait une grande personnalité si elle ne pouvait être remplie de notre amour? Il faut que les formes célestes de la personne soient prises par l'amour : il faut que la vie de l'amour brille sous les formes de la personne, comme la joie dans la prunelle vivante.

Ainsi le veut l'Artiste divin.

Cette beauté de proportion de l'âme renferme ses conditions d'immortalité. Un système d'organes ne pourrait se développer aux dépens de l'autre sans les mettre tous les deux en péril. La nature humaine ne doit pas renverser en entrant dans l'infini! Il importe de donner toute sa solidité à l'amour : l'âme ne peut s'agrandir pour mourir.

L'âme, comme le beau, comme la poésie, comme Dieu, n'est que l'infini constitué. Or, l'amour solide, c'est la vertu. C'est pourquoi la Religion nous demande constamment la pratique. Dans la pratique est à la fois l'amour, qui a voulu, et la force, qui a pu. La pratique, c'est la perfection. Il ne faut être ni mou, ni béat, mais plaire au Dieu vivant!

Je dirai aux âmes des hommes, ce sont là les nécessités de l'absolu. Il ne faut pas que votre amour soit comme une flamme qu'emportera le vent du Ciel, ni votre personnalité comme un tronc éteint; mais que l'amour et la volonté, fondus l'un avec l'autre, entrent dans l'incandescence des astres immortels!

Sur la terre, on doit donc prendre un soin égal de la personnalité et de l'amour. Au fond, c'est bien l'amour qui est le plus divin. Mais comme l'homme n'est pas encore assez bon, il fait beaucoup plus de cas de la puissance que de l'amour. C'est toujours une puissance qui réussit dans le monde. et l'égoïsme, comme tous les mauvais sentiments, n'a de respect que pour la force. Au lieu que l'amour, fait pour le Ciel, est exposé ici-bas à toutes les blessures. Beaucoup d'âmes l'ont senti. et elles se sont retirées à l'écart pour le cacher sous les fleurs... de la sainteté.

Il y a des hommes qui ne connaissent qu'un élan; puissent-ils ne pas connaître l'autre! En nous il est comme deux âmes; heureux ceux qui ne portent que l'âme qui veut connaître... Sauvez-vous. sauvez-vous dans la puissance si vous reçûtes, sur la terre, cette autre âme qui veut aimer. Ou si déjà le bon sens est entré dans votre cœur, retirez-vous de suite en Dieu.

Cœurs si tendres, prenez donc garde à la douleur, elle sera si pénétrante avec vous ; elle vous traitera presque comme les saints. Mais voyez jusqu'où va votre amour ! et cet attendrissement qui ne vous quitte plus, et cet émoi qui vous fait mourir... Il faut que tout cela rentre dans votre moi. Imposez-vous bien vite mille sortes de tâches et de peines, comme les personnes parfaites, et vous pourrez continuer d'aimer.

Déjà j'ai fait remarquer que la vertu qu'on a le plus cultivée reste sans sa récompense. J'ai bien une autre pensée! la vertu qui fit le plus haut mérite de l'âme est souvent celle qui a paru succomber. Vous êtes bon, et c'est bien parce que vous l'êtes, qu'autour de vous tous les motifs d'impatience à profusion seront semés. Votre bonté naturelle deviendra une bonté acquise et toute surnaturelle! Vous êtes chastes, et c'est bien parce que vous l'êtes, que dans l'existence qui vous est faite, cette vertu montera à une abnégation que vous ne prévoyez pas. Vous êtes humble, et c'est bien parce que vous l'êtes, que dans le cours de votre vie, cette vertu sera arrosée d'épreuves que l'orgueilleux ignorera, car il ne les pourrait porter. Enfin, pour redescendre par le même côté de l'âme, vous saurez que si votre cœur déjà renferme l'ardente douceur d'un époux, vous vivrez probablement sans campagne; si votre jeune sein porte déjà l'intime tendresse d'un père, vous n'aurez probablement jamais d'enfants..... la douleur ira aussi loin que vous! Vous sentez bien, ou la vie embrigade toutes les âmes pour la sainteté, ou elle n'est rien.

Il est inutile à l'homme de saisir un bien de tout son cœur: tout son cœur d'un autre côté sera saisi par l'amertume! Le plus souvent, celui qui est en paix dans l'amour, s'apauvrira; celui qui est content dans la gloire, souffrira; celui qui est joyeux dans la fortune, la perdra. L'homme ne saurait goûter la paix plusieurs jours! Dès que la vie ne lui coûte plus rien, elle lui devient inutile.

Souvent l'âme qui a le plus connu d'amertumes dans la vie est celle que Dieu n'a pu quitter un instant. Tantôt il se passait quelque chose de merveilleux pour le Ciel... tantôt il fallait recevoir le métal pendant qu'il était en fusion... une vertu de plus a germé dans la dernière douleur... De tout ce qui se fait en vous, n'emportez qu'un attendrissement! Ah! si vous saviez comme Dieu aime ses âmes!

Douleur, oui tu es profonde... tu es la racine par laquelle je me prolonge jusque dans l'élément vivant. Ta flamme invisible me trace le sentier impénétrable à travers les esprits! Traversons les ardents labyrinthes, emporte-moi jusqu'aux sources de l'être... Va! puisque je suis né!!!....... Sainte douleur, ah! si peu... et d'ici m'avancer dans l'infini! Je veux être avec toi, je te suis, je t'admire, je t'aime, ô douleur! nous ne nous séparâmes jamais! Tu es ma conscience et mon cœur, mon émotion et ma force, ma confusion et mon transport, mais toute ma grandeur et ma foi... O c'est toi qui m'as donné mes larmes!

TROISIÈME PARTIE.

CHAPITRE XII.

L'objection à la douleur vient du point de vue du temps.

Nous vivons loin de l'infini... Le temps, ce brouillard qui voile tout pour le mérite, cache la terre et le Ciel. La foi nous retient par un fil ; l'amour en s'éloignant le brise! Le cœur qui s'est détaché, roulera loin de l'Absolu. Ah!

combattre dans les ténèbres... J'ai vu des hommes épouvantés par la douleur! Ils disaient, car ils n'avaient plus dans les mains que le fil de la logique :

— Qu'est-ce que la vie? travailler! Pourquoi faut-il que je travaille? Et souffrir! Pourquoi avoir créé le bonheur? Pourquoi en faire croître l'idée comme la plus belle pensée de l'homme? Vivre pour souffrir, pour blasphémer, pour me perdre moi-même... Je ne cherchais pas à naître! Créer pour créer le mal; et, par une ironie cruelle, charger l'être lui-même de se multiplier dans le malheur! Quel instinct maudit est à la source des choses! Et, qu'est cette SOURCE elle-même? Ne produire que pour détruire! Détruire, quel mot! Ignoble tache sur la création, la mort!... Moi qui vis, où peut être mon désir de vivre? Dieu, si tu es, tu peux rendre l'homme heureux; pourquoi ne le fais-tu pas? Car, comment sortir de la pensée : Si tu es bon, pourquoi le malheur est-il? Ah! fais-nous mourir; propager le genre humain n'est-ce pas propager la mort, et reculer les tristes rivages du sang! Vois : le grand fleuve de la vie ne fait que charrier mal sur mal vers les monstrueuses dunes de son horrible confluent... Si du moins l'homme pouvait s'anéantir! ce serait sa plus précieuse prérogative. Ton imprévoyance infinie ne la laissa pas même au mal! —

Telles se montrent en effet les choses à celui qui n'a point compris le mystère sublime de la vie.

Il serait aisé d'écraser d'objections le fait de la douleur en se plaçant au point de vue du temps. Je crains que ceux qui montrent cette impatiencene soient plus en peine de leur moi que de leur cœur!

Prenez-y garde; j'ai vu souvent celui qui s'écoute, lorsque la douleur le frappe se renverser du côté du mal. L'égoïsme est comme une pierre au fond de l'âme qui fait ressauter l'instrument divin!

Si dans la Création vous voyez Dieu, si dans l'être en un mot vous retrouvez l'absolu, reconnaissez la légitimité de l'existence!

Il faut vouloir de l'être, ou la lâcheté ne serait pas avouable!

Certainement l'épreuve est complète, et la douleur descend aussi avant que notre âme ; mais depuis quand possédons-nous notre substance!

La création est la grande tentative de l'Absolu : il faut vous y prêter! Qui refuserait de combattre avec l'infini!... Ah! vous vivrez, puisqu'à toute heure vous pouvez faire quelque chose pour le Ciel!

Celui qui souffre et qui ne porte pas un grand cœur, prend vite la cause de l'homme. Il voudrait établir avec justice la part du bien et du mal. L'humanité, si noble et si infortunée, il ne peut le dissimuler, est enchaînée au malheur; et Dieu lui semble bien sévère. A son insu la rancune prend peu à peu en lui toute la place de l'amour.

Eh! s'écrie-t-il, cette existence si amère est-elle réellement un bien? et si je songe que le genre humain pourrait être en partie perdu..... Mais au fait, voudrais-je moi-même être assis aux Cieux à côté des ignobles et des scélérats? Il faut bien que le mal se perde... Il est évident que l'homme fait du mal : et il est évident qu'il devait être libre!

Doutant alors de l'excellence des destinées, il secoue tristement la tête, comme s'il disait : Peut-être eût-il mieux valu que l'homme ne fût pas! — Sincèrement, la question n'est-elle plus que là? Dieu l'a résolue : il a créé!!! Fils de l'Être, vous perdrez l'espoir!

Soupçonner la valeur de l'être, quel oubli de l'absolu..... Tu es, a dit Goëthe, tiens-toi heureux de cette idée!

Mais comme la douleur est irrésistible et souvent surabondante, la volonté et le cœur la regardent avec effroi. Le Juste s'écrie quelquefois dans son amertume : « Dieu n'aurait-il pu créer de telle sorte que le mal n'eût pas existé?» Mais il a bien fallu que Dieu créa l'homme libre! Or, la liberté n'est que le pouvoir remis à l'homme de faire le bien quand il aurait la possibilité de faire le mal : et l'homme a voulu faire le mal...

Toutefois la question se poursuit ainsi : « Dieu n'aurait-il pu donner à l'homme une volonté libre également, mais en l'entourant de si grands secours qu'elle se fut immanquablement portée vers le bien? » Eh! certainement non, puisque l'homme aurait été moins libre, conséquemment moins méritant! Le degré de liberté ici-bas fait celui de notre gloire dans l'absolu.

Enfin, cette perpétuelle inquiétude se réfugiera dans une dernière observation : « Dieu, dans tous les cas, prévoyait notre chute! » Eh bien! il paraît qu'il était nécessaire que l'homme fût repris de plus bas... Dieu avait bien donné la liberté à l'homme; mais s'il fallait que l'homme perdît cette liberté et la refît lui-même pour qu'elle fût réellement et radicalement libre! Ne voit-on pas l'enfant quitter ses dents de lait pour prendre celles qui viennent avec la force d'âge?

La liberté est précisément ce qui ne peut se donner : elle ne saurait être qu'acquise. C'est la force qui s'emploie d'elle-même et qui ne vient que d'elle-même. La causalité qui ne sortirait pas de soi, ne serait pas causalité. Et d'abord l'homme n'étant pas, il fallait qu'il fût créé, créé avec la liberté précisément d'accepter ou de prendre sa personnelle liberté !

Pour avoir sa valeur dans l'absolu, il était nécessaire que l'homme fût le fruit de ses œuvres, et pour qu'il fût le fruit de ses œuvres, qu'il concourût à sa raison d'être. L'homme fut créé en puissance : et il fallait bien qu'il fût créé, ce premier point était le levier de ses efforts ultérieurs. Mais créé, cela ne venait pas de lui ; n'était-il pas nécessaire que ce premier point fût brisé pour que l'homme le refît ! N'est-ce pas de la sorte que l'artiste brise la statue de terre qui vient de donner l'empreinte au moule d'où sa nouvelle statue va sortir !

Dieu n'a produit la liberté qu'en lui disant : Sois libre ! L'homme ne pouvait être achevé. Au lieu de nous créer plus, Dieu a dû nous créer le moins possible ; là était notre grandeur avenir ! Et, en dernière analyse, l'homme est même revenu sur son être pour détruire ce qu'il n'avait pas produit : car le fait est là !

De cette manière, toute sa liberté lui appartient. Le néant n'a pu demander l'être, ni le prendre, ni l'accepter. Mais l'homme a perdu l'être ; alors il l'a redemandé, accepté et repris. Une liberté essayée à ce titre peut être désormais pesée aux balances de l'absolu!

Dieu sait qu'une telle importance s'attache à notre liberté que, pour rendre notre mérite entier, il n'a même pas imposé la foi; la foi sans laquelle l'homme ne peut rien! La civilisation, qui est tout sur la terre, sera également offerte à la liberté; il faudra qu'elle soit inoculée par l'homme. Le navire qui traverse les océans ne sait pas ce qu'il porte! Dieu, dans sa loyale administration du monde, évitant tout ce qui pourrait le trahir à nos regards et entraîner notre assentiment, laisse passer avec grand art une multitude de faits, derrière lesquels sa Providence se tient absolument cachée. Enfin, il a su éviter de déposer de sa propre main les hommes sur la terre; tenant à leur montrer encore qu'ils naissent du vouloir et des soins les uns des autres, et que les origines de leur existence se cachent dans les profondeurs de la liberté et de la solidarité humaines. L'unité de chute, comme l'unité de rédemption, se rattache du reste à ce grand mystère de l'être.

Le mal! le mal!... Ah! qui sait ce que c'est que le temps? Songez que le mal est un fait! c'est bien grave un fait: être entré dans l'ordre de l'absolu! Le mal doit-il faire partie de toutes choses pour allumer la vie de la douleur au sein de ce qui n'est pas éternel? Est-il le sel de tout ce qui a vie dans les efforts du relatif ? partout présent, fait-il pour nous le mérite du bien ? Je ne sais, je ne sais... Mais peut-être les méchants serviront-ils à la Gloire, quand on saura de quel point il a fallu les ramener ; peut-être rehausseront-ils la Joie, quand on verra quelle effrayante liberté ils ont conduite vers Dieu... Il est grand l'amour de ceux qui aiment dans la douleur !

Vous pénétrerez dans le sens de cette parole inouïe : « Il y aura plus de joie au Ciel pour un seul pécheur qui fait pénitence que pour quatre-vingt-dix-neuf justes qui *n'ont pas besoin* de pénitence »... Il est donc bien grand ce pècheur ! Pourquoi faut-il aux yeux de Dieu que l'homme ait besoin de pénitence? Pourquoi les plus glorieux saints, au lieu de devoir leur origine à l'innocence, furent-il d'abord de grands pécheurs? Pourquoi, pourquoi enfin cette paroie qui décèle l'infini: *Ubi abundavit delictum, ibi gratia surabundavit?*

Le mal? la chute? Qu'y a-t-il là, que Dieu qui les prévoyait ne se soit pas arrêté devant la création?... S'il est permis, suivons encore quelques pas cette incomparable question.

CHAPITRE XIII.

—

Pourquoi la chute avant la douleur.

Dieu créa l'homme afin qu'un être magnifique, entrant dans sa Société, vint lui offrir un noble amour. Et Dieu voulut qu'il fut issu de sa grâce, c'est-à-dire de son propre Sang. Ah! que l'homme doit avoir une grande âme! Il a fallu que la douleur, ouvrant dans son cœur des abîmes, reculât les bornes de l'être devant ce Titan immortel.

Car la mesure de l'effort est celle de la liberté; et la liberté de l'âme, son angle ouvert dans l'Infini...

La liberté n'est pas un don; la liberté est d'elle-même, à l'image et ressemblance de Dieu! Si l'infini avait pu se répéter hors de lui, Dieu n'aurait pas eu recours à un mode de création. Le créé, c'est le relatif; il faut qu'il ait ses bornes! En créant l'homme entièrement, Dieu l'eût jeté dans la condition toute contraire à l'absolu. Convoquée pour l'immortalité, l'âme devait tenir de son acte ce qu'elle ne pouvait tenir de son être. Il fallait à l'ami de Dieu un motif réel à la Gloire!

Ne pouvant se devoir sa substance, l'homme se devra sa personne.

Delà, Dieu nous créa le moins possible. Il sacrifia en nous la nature, pour mieux nous remplir de la grâce. Et l'homme devait être créé d'autant moins que, s'il revenait sur son être pour détruire ce qu'il n'avait créée, le mal, qui accomplirait cette cruelle opération, allait ouvrir plus haut dans l'amour une source surnaturelle... Il faut voir les faits, et non pas s'arrêter aux mots!

Car ceux qui n'aperçoivent de la chute que le mal et la douleur, pensent qu'au lieu de créer l'homme si faible et si prêt de faillir, Dieu aurait bien pu le rendre aussi parfait que les anges, et surtout aussi heureux! L'homme plus heureux, il leur semble que tout serait dit...

Il est rare qu'on ne fasse pas la bévue de mettre sur le compte de Dieu tous les inconvénients du relatif, conséquemment toutes les difficultés qui tenaient à une création. Au commencement, on l'oublie, l'absolu seul devait exister; déjà il a fallu en braver les conditions éternelles pour qu'en dehors un nouvel être fut admis à l'existence, surtout un être qui porte à l'absolu quant à l'acte! Si nous laissions arriver jusqu'à nous la clarté rationnelle, nous verrions les attentions de l'Infini!

Et d'abord, Dieu n'a pu nous créer immédiatement dans le bonheur et dans la gloire, comme le demandent avec l'empressement de l'ignorance tous les hommes égoïstes et avides de jouir. Les Intelligences célestes qu'il avait par bonté toutes créées en cet état, ont été en proie à un orgueil si complet que leur chute a passé jusqu'à présent pour être irrémédiable. Et ensuite, l'homme fut même, à ce qu'il paraît, créé trop près de cet état, puisqu'il donna aussitôt prise à un si fort orgueil? Le Dante a dit ce mot d'Adam : « L'homme qui ne naquit pas en se damnant damna toute sa race! »

L'orgueil naîtra toujours de la sottise de celui qui ne sait point ce qu'a coûté son existence, et de la faiblesse de celui qui n'a point formé de lui-même l'amour et la volonté dont se constitue notre âme. On parle beaucoup de liberté, il faudrait comprendre tout le sens de ce mot!

Pour devenir quelque chose de grand, il faut s'être commencé faible. Le propre de la liberté est de n'avoir point d'ancêtre. L'humilité est la force de ce qui est libre. On le voit même ici-bas pour la fortune, comme pour le génie et la vertu. Les pierres de la base sont les plus lourdes à remuer! Celui-là en atteindra la perfection, qui a su poser les fondements de son être. L'amour ne doit naître que de lui-même; et c'est bien là son mérite. Il faut qu'il ait été créé le plus petit; c'est la seule condition pour qu'il s'élève à l'Infini. Pénétrez avec cette pensée les origines insondables...

Aussi, j'ai remarqué dans les Ecritures deux jugements inexorables. Le jugement qui fixe le sort dont les célestes Esprits n'ont pu se relever jette un jour sinistre sur les premiers plans de la création; et celui qu'en dernier lieu l'Evangile a porté contre les riches de la terre, projette jusque sur le plan où nous sommes une lueur qui épouvante... Dieu se voit donc obligé de son côté de tenir les êtres aussi faibles que possible, afin de tout laisser faire à leur liberté. Il n'y a de solide en l'homme que ce qu'elle a fondé!

Et l'absolu, au lieu de nous donner l'être tout fait, nous envoie la grâce.

La bonté de Dieu s'est arrêtée bien à temps... Parmi nous, ce sont ceux à qui il a donné le plus qui font le moins : Voyez les riches! Ne cherchent-ils pas à éviter toute peine, même lorsqu'il faut louer Dieu! C'est cette frayeur de la douleur et de la peine qui établit si vite leur infériorité. La fortune tombe des mains qui fuient la fatigue, et, ainsi que l'intelligence, échappe aux enfants dégénérés dans une éducation sans vigueur. C'est toujours le plus humble qui travaille, le plus simple qui s'élève, et l'être faible songe le premier à aimer.

Qui oublierait que Caïn, le premier né d'Adam, fut engendré dans le paradis terrestre ! Dieu n'a pu suivre sa bonté... Plus son amour s'avance en nous, moins notre liberté a de place. La grâce ne verdit en sûreté que sur la tige qu'elle a formée. Dans l'enivrement des dons de la nature, l'âme s'enfle et puis succombe. La créature doit être réduite à son germe. Hors de l'infini, tout don n'est qu'une proie à l'orgueil. Même après notre création, le Ciel le vit avec douleur. L'amour, l'amour avait encore trop accordé : il fallait que l'infini donnât moins, et l'homme davantage. Dieu jugea le Déluge nécessaire... Pour la troisième fois le relatif fut ramené plus près du néant !

Au début de la création, l'âme devait être sans doute beaucoup moins homme, beaucoup plus ange; et préparer ainsi la transition de la création antérieure. Le nouveau germe émis par Dieu a tout franchi... Delà, la rédemption est devenue inévitable. L'homme est entré dans un ordre nouveau, et en quelque sorte imprévu. L'amour au fond le savait bien... Un Dieu de bonté et d'audace a voulu la liberté!

La liberté remet l'homme tout à faire. La création a commencé, il faut que l'âme reprenne son commencement. Eh! l'homme ne s'admet pas lui-même, comment admettrait-il en lui ce qu'il n'aurait pas formé! Il faut que sa nature TOMBE : il ne doit être composé que de grâce et de liberté!

Ah! ne t'étonne plus de l'ardente continuité du travail; il est besoin que la liberté revienne sans cesse sur toi-même, qu'elle ait tout vu, tout repassé; qu'elle ait repris les avances que Dieu a faites, car tout s'écroule qui n'est pas tenu par sa force. Autant elle agrandit ton âme, autant elle ouvre le vase d'or où la grâce peut, cette fois, se répandre au gré de l'Amour !

Voilà donc pourquoi ce Christianisme, si merveilleux, veut abolir en nous la nature ?.....

Qu'aujourd'hui je comprends bien pourquoi il fut la religion de la douleur en même temps que de l'amour !

Qu'aujourd'hui je comprends bien pourquoi la très-sainte Eglise prêcha toujours la pénitence ! Oh ! gloire à toi, qui as mis la liberté dans nos veines !

Toutefois, Dieu dut créer l'homme bien ; c'est-à-dire en pouvoir de ne pas pécher. Il appartenait à l'homme, après cela, s'il se laissait cheoir jusque vers les racines de sa liberté, de se reprendre en sous-œuvre dans le tréfonds de la douleur. En cette manière, c'est lui qui a accepté le genre d'épreuve qu'elle impose; en même temps qu'il a voulu les fins dont elle accroît son être. Dieu fit l'homme, l'homme fit le mal, personne ne fit la douleur; elle naquit des embarras du relatif passant à l'existence immortelle.

Delà la Chute fut en quelque sorte laissée au libre arbitre de l'homme.

Avouons-le aujourd'hui, à notre honte autant qu'à notre gloire, c'est l'homme qui s'est mis dans la nécessité de reprendre son être de plus loin, conséquemment avec plus de mérite devant Dieu! Aussi, les Cieux ne tardèrent pas d'envoyer à ce noble fils de l'Être un secours tiré d'une source d'amour plus profonde que celle même d'où sortit la création. O FELIX CULPA! s'est écrié un Saint. Et l'Eglise le répète après lui dans ses hymnes de fêtes..... Nos plus beaux titres de noblesse viendront des droits de la douleur!

Courage, nobles âmes! l'homme se crée une nouvelle vie de sa vie même! La douleur décompose la première matière, qui est l'orgueil. Car le créé doit disparaître, il n'est qu'une première mise de fonds... Dans l'infini la substance était d'elle-même, le Verbe ne fut point créé : *genitum, non factum!* Eh quoi! il emprunta notre nature pour nous enter sur les mérites de la sienne... quelle essence Dieu a-t-il rêvée dans les Cieux ?.... et avez-vous sondé cette parole dite à l'homme : MON FILS!.... Je le dis, je le dis, vous ne savez pas ce que c'est que la douleur... Le travail prépare ici-bas un être qui, plus sublime que l'Ange, ne tombera plus de l'infini!

Tendres âmes, concevez-vous maintenant pourquoi Dieu, tout en prévoyant la chute, ne s'est point arrêté devant la création! Encore ne savez-vous pas les conséquences que l'infini, dans son système immense, va rattacher à la seule liberté de l'homme; encore n'avons-nous pas dit la portée des mérites renfermés dans le mystère insondable de la douleur!

Ah! la question n'est pas sur la douleur, mais sur la quantité dont l'âme en est environnée en venant sur la terre...

CHAPITRE XIV.

—

Une idée sur le grand problème.

. . . .
Toute âme a son secret qu'elle veut révéler.....
HARMONIE, XI.

Je cherche un empire ici-bas plus solidement fondé que celui de la douleur...

L'homme a ébranlé bien des choses! il a mis fin à de puissants règnes, renversé de formidables lois; il n'a rien pu contre la souveraineté de la douleur. Depuis six mille ans il a tout essayé pour échapper à sa domination; il a traversé les temps, quitté les lieux, passé sous de nombreuses civilisations : les temps et les civilisations ont été remplis de ses larmes, et ses larmes sont encore le tribut le plus sûr qu'il puisse offrir à l'Avenir.

O roi de la nature, tu n'es donc pas le roi de la douleur! C'est elle encore qui te reçoit à la porte de la vie et te dépose dans le berceau; elle qui te conduit au dernier pas et te referme dans ta tombe. Que dis-tu de sa fidélité?... Celle-là n'attend point, pour toi, que ses eaux amères découlent des événements. elle en a d'avance posé les sources sur tout le chemin de la vie. Homme, tu sais que tu es appelé à pleurer ton père, à pleurer ta mère, à pleurer tes amis, souvent ta femme et tes propres enfants, en attendant que la mort vienne sécher tes larmes! Car la mort, généreuse, a soin d'arriver lorsque la douleur n'a plus de prise sur toi...

Telle est l'existence humaine, si vous en convenez! Confrontez-la avec la loi infinie; comparez notre condition à la condition éternelle! Mais Dieu peut-il créer un être pour qu'il pleure? Faites attention que la douleur, c'est tout ce qu'il y a de plus inouï; l'être n'a que des habitudes de félicité. Si donc au sein de l'œuvre de l'Infini, si, franc au cœur de la création, la douleur est fixée, elle doit y être pour un fait d'une portée incroyable! Dans l'être, la douleur? le relatif ne peut entraîner cette différence.

Examinez une chose encore. L'homme, certes, est étrangement mauvais, puisqu'il n'a fait le mal que par manque d'amour. Bien qu'il soit dur de le louer, une fois sachez ce que c'est que l'homme :

Au sein de l'amour et des plénitudes du beau, Dieu, agit dans un enivrement infini; et la plus inaccessible de ses perfections n'est que l'acte le plus simple de sa divine nature. Mais l'homme? être, et séparé de l'infini! âme, et privée du bonheur! Puis, emporté loin de Dieu, dans les déserts du relatif, et laissé là sans connaissance au millieu de la nuit. Cette nature qui, pour découvrir simplement sa beauté, lui demande un acte de génie, est sourde, muette, ingrate; et, conduisant le rôle jusqu'au bout, barbare aussitôt qu'elle le surprend sans défense. Lui, délaissé, sans témoin, pauvre ciron presqu'écrasé sous la douleur qu'il ne comprend pas, et, comme perdu au fond de l'abîme, il a encore un regard pour chercher le beau, et sa conscience tressaille en découvrant le bien! Jamais il n'a vu Dieu, et il l'appelle...

il se lève... il roule le rocher de la vertu pour arriver jusqu'à lui. Oh! l'être! L'homme ne peut voir d'ici comme il est sublime... Dieu au sein de la gloire est en admiration devant ce que fait l'homme, au sein de la douleur.....Infini! infini! réjouis-toi, si un seul homme dans les ténèbres de son cœur, a su retrouver ton sentier!

Le christianisme ne vous a pas dit son dernier mot! attendez que les âmes prennent la voie de l'amour...

Si les choses étaient telles qu'on les voit de la terre, Dieu serait découragé de la création. Tant de sauvages, de cœurs grossiers et d'hommes durs entreraient-ils dans la lumière? Montez chez les plus civilisées des nations, la mortelle tiédeur de leurs âmes les mûrit-elle pour l'infini? C'est Dieu qui a créé le monde, et c'est lui qu'on aime le moins! A peine quelques saints sur la route immortelle, la masse de l'humanité semble en dehors... Où s'accomplit la création?

Personne ne voit l'homme ici-bas. La colonne d'air qui pèse sur le corps, dérobe à l'œil les deux tiers de la force employée dans ses mouvements. De même, l'atmosphère que la vie fait peser sur l'âme cache la puissance que le plus faible des hommes déploierait tout-à-coup vers le bien, s'il était transporté dans l'infini. Chacun soulève une vie dont le poids est égal à son âme... grandissant, elle subira naturellement la pression de plusieurs atmosphères! En sorte que la volonté, ayant toujours le même obstacle, a toujours le même mérite. Mais la portée en est cachée.

Voilà pourquoi le moindre des hommes, qui semble si peu ici-bas, se verra tout-à-coup si grand lorsque son âme éclatera dans l'infini avec tous les efforts qu'elle a opérés dans ce monde.

Quel œil a vu le fond de la douleur : qui donc a calculé le poids que la vie fait peser ici sur nos âmes! Ah! si les hommes n'étaient pour Dieu que ce qu'ils sont devant leurs semblables, quelle joie recueillerait le Ciel! Si l'âme humaine n'était pas plus en elle-même que ne la montre le temps,

Dieu se serait vu forcé de retirer la création, pour empêcher la liberté de s'aggraver !

Tant que le monde existe, affirmez au nom du Dieu bon, que le fleuve des libertés verse toujours dans l'infini plus de bien que de démérite... Croyez en la création ; il se passe quelque chose de beau !

Dirai-je donc qu'il est un mot dans la langue, remarquable après celui de Dieu, et qu'on n'applique même pas au Ciel : ce mot fut inventé pour l'homme! Le *Sublime* consiste dans la liberté aux prises avec la destinée, ou avec les passions. Dieu est infini, l'homme seul est sublime : car l'homme seul peut s'élever au-dessus de lui-même! On n'est sublime que devant la douleur, ou devant la mort... alors que le premier acte du moi perçant du sein des forces étrangères, « le miracle de la personnalité humaine » commence; alors qu'arrivée de lutte en lutte sur le sommet de la conscience, le miracle s'accomplit, la personnalité s'élance pour se donner elle-même... offrant à Dieu le spectacle de l'infini! L'homme, l'homme n'est sublime que parce que Dieu peut l'admirer...

Ce n'est pas tout. N'avez-vous point observé vous-même une chose bien grave, c'est que cette même douleur est tout-à-fait hors de proportion avec l'homme? Il faudrait si peu de douleur pour purifier un être! Qu'elle éclate aujourd'hui dans une âme, qu'elle l'ait entièrement renouvelée, il semble que tout soit achevé. Mais voilà que demain la douleur revient; et elle revient avec les trois cents jours de l'année, et durant toutes les années de la vie! L'intarissable amertume coule sans fin, débordant au loin l'existence. Et l'homme, du faîte de ses destinées, aperçoit ballotter sa vie comme un faible point sur l'immense Océan de ses douleurs...

La remarque que vous avez faite pour la douleur est à faire pour la liberté. Elle se trouve également dans une disproportion inexplicable avec l'homme. Faites-y bien attention, il ne fallait qu'un seul acte de pleine et entière liberté pour fixer dans un être la responsabilité. Que l'homme donc soit mis une fois à l'épreuve, et qu'une fois il en sorte victorieux, n'a-t-il pas décidé de la direction de son être et du choix de son cœur? Mais voilà qu'aussitôt l'épreuve reparaît; et elle reparaît à toutes les heures de la vie. Sans doute que l'homme fit peu pour planter l'arbre du mérite en lui : mais il fit tout ce que lui demandait l'absolu! Alors, à quoi bon le refaire? Cependant la fertile épreuve se multiplie sans fin, dépassant mille fois la valeur de sa vie. A chaque pas, l'homme dépose le socle d'une responsabilité nouvelle, et, à l'extrêmité de la carrière, il n'aperçoit que lui dans l'immense plage pour prendre place sur tant de constructions...

Ah! pourquoi la liberté recommence-t-elle toujours; et pourquoi la douleur ne finit-elle jamais? Puis-je dire que mon cœur, une fois rempli par l'amertume, ne s'en remplira plus? la mer passe sur l'éponge gonflée sans y ajouter une goutte, et mon cœur se sèche de lui-même pour mieux être retrempé! Puis-je dire que ma liberté, s'abattant sous l'épreuve, ne se lèvera plus? le burin tombe en poussière avec le roc qu'il a percé, et ma liberté se reforme elle-même pour mieux recommencer! Que je m'élance au dehors, que je m'enfonce au dedans, partout, partout l'immense douleur.......... C'est là une question!

Sur cette effrayante disproportion au sein de l'homme, j'émettrai une simple vue :

L'homme aurait-il autant de grandeur, s'il n'était chargé que de son propre poids! La liberté, cette énorme puissance confiée à un être si frêle, pouvait-elle ne servir qu'à celui qui l'exerce? La douleur, cette épreuve aussi redoutable à l'être que le néant, pouvait-elle ne profiter qu'à celui qui la porte? L'Eglise ne nous a-t-elle pas appris que, par le sublime phénomène de la Communion des saints, la communication des biens spirituels est établie entre toutes les âmes qui travaillent encore sur la terre, celles qui règnent dans le Ciel, et celles qui se purifient dans le Purgatoire.

Nous communiquons avec les âmes qui règnent dans le Ciel en ce que, les invoquant par nos prières, elles intercèdent pour nous auprès de Dieu et que nous participons à leurs mérites. Nous communiquons avec les âmes qui se purifient dans le Purgatoire en ce que, leur appliquant nos prières, nous les soulageons par nos bonnes œuvres et les faisons participer à nos mérites.

Ce dogme sur lequel reposent

la force de ceux qui vivent et l'espoir de ceux qui meurent, ce dogme qui lie le Ciel à la terre, et la terre, avec les lieux définifs de l'épreuve, repose lui-même sur la liberté. Alors ces trois hommes, l'homme triomphant, l'homme militant et l'homme souffrant, ne forment qu'un seul être dont un pied s'est déjà posé dans le Ciel. C'est ainsi qu'à la lumière de l'infini, tous les hommes reparaissent les membres les uns des autres. Les mérites de chacun se répandent sur tous, dans ce mystérieux corps, par le canal de la réversibilité, véritable rétablissement de la circulation du sang de l'humanité. Mais une aussi merveilleuse reversibilité où pourrait-elle prendre sa source, si ce n'est dans une unité plus merveilleuse encore ; unité et solidarité de l'être, au fond, dont notre raison ne saura jamais comprendre le vrai mystère en ce monde.

. . . .

Là n'est point toute l'idée... Toujours je cherche pourquoi l'homme est sublime... Il faut trouver ses racines ontologiques à cette antique et inébranlable doctrine des œuvres surabondantes : *Operum supererogationis*. Une telle pensée, recueillie par l'Eglise, ne sortit pas vainement des entrailles du genre humain!

. . . .

Des mondes innombrables circulent au-dessus de nos têtes, des créatures innombrables doivent les habiter ; et toutes ne constituent qu'une seule création au sein de l'absolu. Dans la nature on ne voit qu'une loi, les êtres sont placés aux différents degrés de cette loi ; et au sommet de l'échelle se trouve l'être qui les complète et explique toute la loi.

Or, comme l'univers physique, avec ses myriades d'étoiles éclairant autant de globes habités, se rattache, de système en système solaire, à un centre qui détermine tout ; que savons-nous si le monde moral, avec ses myriades d'êtres placés dans le sentier de la création, ne se rattache pas, de races en races d'âmes, à une seule race qui décide de tout? De même que, par l'unité de l'être et la communion des saints, une solidarité intime réunit tous les hommes qui ont habité ce globe; que savons-nous si une solidarité universelle n'existe pas entre toutes les créatures intelligentes répandues sur les globes, à cette fin que l'homme, cet être central, soit chargé à lui seul du don prodigieux de la liberté?... Et toute la création porterait sur lui!!

Car la liberté est quelque chose de si redoutable que l'Eternel a dû créer une race tout exprès pour en porter le terrible fardeau! Le principe ontologique de l'homme me semble aussi un principe cosmogonique fondé sur l'unité et la reversibilité universelle d'une même création au sein de Dieu. La liberté! cette merveille du relatif, me paraît l'axe de la création entière!

Et la douleur est quelque chose de si insigne qu'elle imprime un caractère sacré sur celui qu'elle touche. Le saint, cet être fondu avec la douleur, n'est-il pas l'homme de la mission terrestre ; seul parmi nous il touche aux sceaux de l'absolu et pose le cachet du miracle! Et le Martyr? cette âme ne serait-elle que pour son holocauste? L'homme! ce monarque de la douleur, me paraît le pontife de l'Eglise infinie des esprits!

Les êtres innombrables qui remplissent le cercle majestueux de la création auraient été créés dans la beauté et la constante douceur du bien, attendant que, issu du même sang, l'être armé de liberté vint obtenir par la reversibilité l'héritage promis à leurs esprits innocents, comme les pères et les mères méritent pour leurs jeunes décédés, comme notre religieuse loi invite les vivants à mériter pour les âmes qui traversent les lieux du Purgatoire. Et tous les êtres créés ayant été divisés pour aimer, sont répartis dans l'espace et le temps, afin qu'ils recomposent d'eux-mêmes la magnifique unité de l'octave éternel ; et l'univers entier serait attentif à ce qui ce passse sur cette terre, lieu sacré du combat ; et l'homme, cette créature cosmogonique, serait le nœud de la création!!.. Voilà, sans doute, pourquoi le mystère de la Rédemption s'est accompli sur cette terre.......

Il était difficile de considérer une existence aussi surprenante que celle de l'homme, sans pressentir que des prérogatives d'un ordre incommensurable devaient s'y rattacher!

CHAPITRE XV.

—

Douleur et amour : voilà l'homme.

SUEURS de l'homme! larmes de l'homme! sacrées jusque dans le nom que vous prêtent les langues, auriez-vous le grand respect du genre humain si vous tiriez tout votre prix des motifs, presque constamment vains, qui vous ont fait couler?

Mais l'univers m'en a peut-être plus dit que l'homme... Je l'ai vu, tout se ramène à cet être sublime, sur lequel Dieu semble résumer ses sollicitudes, comme chaque astre du ciel, diriger ses rayons. Tout demande une place autour de lui ; jusqu'à ses globes environnants qui se plient sous la subordination apparente dans laquelle la petitesse, qu'inventa la distance, les fait tourner à nos yeux. Leurs feux secondaires s'allumant sur nos têtes au moment des mystérieuses paix de la nuit, semblent nous les montrer comme suspendus d'admiration, circulant dans l'orbe d'une prière immense autour du lieu libérateur…

Vois au loin… et cette terre, et ces cieux… La lune aussi harmonieuse qu'un chant… les étoiles comme des sons dans le silence infini… et dans l'azur la pourpre lointaine des mondes… l'insaisissable partout répandu…. Homme, vois, vois, tout est si beau!!. Dis, si pour ton seul agrément ces paupières fortunées ont jamais vu la lumière!

La nature n'a pu retenir sa pensée et garder le secret des Cieux… Quelle hymne chante le soir dans les solitudes du silence? J'ai écouté les bruits de la terre, ils me racontaient quelque chose d'inconnu ; et j'avoue que je n'ai pu assister au spectacle de ses nuits sans être pénétré d'un frémissement immense et solennel. Poète, il faut me dire quel est ce grand secret de mélancolie que la lune aime à raconter aux vieux chênes et aux rivages antiques des mers...

Et moi sur le haut de la montagne, j'ai entendu passer le vent comme s'il portait tous les soupirs des mondes. Et dans les cîmes des grands pins, et vers le bord de mes genêts, derrière le pan de ma muraille, comme auprès de ma porte close, toujours sa voix est revenue avec les mêmes gémissements, et mon âme m'a demandé ce que c'était :

— Ah! il faudrait que je fusse morte pour rester sourde à cette voix! Que je fuie sur les monts, que je traverse la plaine, que j'approche de l'Océan, la même plainte arrive à moi... Pourquoi le vent vient-il toujours gémir ainsi; il faut bien que quelqu'un lui ait donné cet accent?

Et je répondais à mon âme, écoute mon pressentiment :

Les divines hiérarchies brillaient dans leur pureté ; et Dieu songeait aux êtres qui brilleraient dans leur mérite. Déja l'éternelle pensée contenait les essences qui devaient être par vertu ce que l'ange est par nature : les Cieux restaient consternés d'avoir vu l'orgueil naître de la spontanéité du bonheur ! L'amour ne tentera plus de faire échapper les esprits aux conditions éternelles. L'Absolu a des frontières redoutables : la douleur est l'unique passage de la liberté ! Les âmes recevront le temps ; elles feront successivement en elles ce qui s'est identiquement opéré dans l'Être...... Alors l'Eternel demanda au Ciel bienheureux s'il n'y avait pas quelque Puissance qui voulût accepter la douleur pour la nouvelle Création. Les hiérarchies divines, se pressant tremblantes contre Dieu, restèrent dans le silence...... Dieu dit : Je ferai l'homme à mon image et ressemblance!

— Ah ! dis-moi quelque chose d'infini sur l'homme, parce que dans mon émotion je vis à une profondeur que ma pensée n'éclaire plus...

Mais le Dieu qui aime n'a pu voir toutes ses créatures éprouvées à la fois dans les douleurs de l'ineffable enfantement. Vers cette tendre oreille des Cieux, les cris de l'individualité naissante ne pouvaient monter de tous les points de l'univers : reculer les bornes de l'être, c'était porter plus loin les confins du bonheur! Cependant l'infini, parcourant sa carrière éternelle, versait à profusion les sels de la vie sur les champs arides du néant ; et l'immense douleur, fécondant les germes des ètres, couvrait la création... Il fallait que l'onde amère se retirât de ses rivages pour rentrer dans son golfe le plus étroit! Pour que l'éclatante joie, révélant l'immortalité aux êtres, puisse briller sur l'univers, le filon d'or de la souffrance habitera les cœurs profonds....... Et Dieu enleva les racines des êtres avec toute leur solidarité!

— Ah! dis-moi quelque chose d'infini sur l'homme, parce que dans mon émotion je vis jusqu'à une profondeur que ma pensée n'éclaire plus...

Et cette main de l'infini qui dans un germe mit tout l'arbre, et dans l'arbre une forêt, mit dans la souche toute l'espèce, et toute l'œuvre de l'espèce. C'est ainsi qu'on vit sur la terre les Patriarches être la source des nations; ils leur ont fait leurs destinées, de même que leur gloire et leur nom... Et Dieu retirant le principe premier de l'être, la liberté, il le condensera sur une race de Rois, afin de lui confier aussi l'épreuve des innombrables nations des âmes. Cet être royal portera le sceptre de la liberté, et marchera enveloppé dans la pourpre de la douleur. En lui est le pouvoir de tous, en lui sera l'œuvre pour tous! Alors cet être sera vu représentant sa race entière devant l'épreuve, afin que sa race à son tour soit chargée de l'imputabilité universelle. Car l'homme va être tiré du principe de l'identité de cette grande création portée dans les flancs de l'amour..... Et Dieu ayant conçu l'être cosmogonique, en lui les êtres se sont retirés dans leur essence!

— Ah! dis-moi quelque chose d'infini sur l'homme, parce que dans mon émotion je vis jusqu'à une profondeur que ma pensée n'éclaire plus...

Fixé au bout de la chaîne électrique des êtres, l'homme se sentira un avec l'univers. Foyer central, dans sa souffrance, grand réflecteur, par son amour, il sera le Patriarche des mondes, et l'universel Adam. Pour lui révéler sa mission, Dieu descendra sur ce globe; lorsqu'assumant toute la douleur des temps pour la faire tenir dans son cœur, et que portant la croix du monde, il gravira le Golgotha, une voix dira : VOILA L'HOMME!. Et l'homme s'écriera à son tour, si le calice ne peut se détourner, que Votre volonté soit faite! Dès lors le fils ardent de l'être ira fonder dans le relatif une existence réelle, par la liberté, et lui tracer vers l'absolu des frontières éternelles, par la douleur. Tout va mouvoir sur ce seul être; Dieu a trouvé le point où doit tomber sa grâce, le Poème vivant de la création marchera dans son unité....... Et dans les traditions, l'homme sera nommé *Enosh*, d'un mot qui signifie Douleur!

— Ah! dis-moi quelque chose d'infini sur l'homme, parce que dans mon émotion je souffre à une profondeur où ma pensée n'arrive plus...

L'ÉCHELLE des astres était remplie, et les innombrables globes mis en leur ordre et dans leur voie. Dieu, étant au Sixième jour, déposa l'homme sur la terre, afin de se reposer lui-même à son Septième jour. Et dans ce jour du Seigneur, l'homme fera comme sur les sphères, pour mieux prier, il cessera de travailler, mais sans jamais cesser d'aimer. L'homme achevé, les Cieux s'écrient : *Valde bona!!* Tout est parfait!!.. A chaque bonne action qu'il fera, une âme naîtra dans un monde portant l'imputabilité ; à chaque douleur qu'il aura, cette âme trouvera en elle son pouvoir d'immortalité. Mais l'homme, qui a ceint la douleur, revêtira la sainteté pour paraître au milieu des anges ! Dès lors le temps se déroula : les larmes aussitôt coulèrent dans les ruisseaux du genre humain. Douleur et amour , tel fut l'homme ; tel il est encore aujourd'hui...... Et il aima et travailla ; et il gémit pour travailler, et gémit aussi pour aimer !

— Oui ! je crois qu'un monde gravite dans l'espace pour toute âme qui paraît en cette vie : car le poids de douleur qu'un cœur seul peut porter, me semble faire équilibre au poids de tout un monde.....

FIN DU DERNIER CHAPITRE.

Les âmes affligées, toutes bien soumises à Dieu, entreront dans une grande piété, laissant là mon pressentiment. Que t'importe, ô mon semblable, pour quel but tes beaux yeux versent des larmes : l'infini les reçoit toujours ! Prends donc ta croix et suis le Christ, sans savoir si, comme lui, tu la portes pour tout un monde... Qui le suit ne marche point dans les ténèbres !

NOTES

ET

ÉCLAIRCISSEMENTS

MÉTAPHYSIQUES ET POLITIQUES.

I.

Page 3. — Il faut sortir de l'infini pour prendre une personne ; il faut rentrer dans l'infini pour prendre une place éternelle dans la félicité....

L'homme est appelé à l'immortalité. Il faut qu'il ait la vie de l'infini, et qu'il ne soit pas l'infini ; il faut qu'il y entre sans s'y confondre. Il vient donc puiser sur la terre un principe de distinction, pour fonder sa personnalité, et un principe d'union, pour la réunir à l'absolu. Tel est le fond d'une métaphysique humaine.

Par le principe d'union, l'âme se mêlera à la vie éternelle ; par le principe de distinction, elle y restera elle-même. Le but de la création, par rapport à l'homme, est d'éviter la panthéification de son être.

Le mérite le distinguera de Dieu. L'Absolu est par lui-même ; l'être qui y est appelé doit, dans la mesure de sa personne, contracter cette éternelle nature. L'homme est tenu de traverser les lois de l'être, s'il veut parvenir à l'être : rien ne peut le dispenser des conditions du divin ! Pour parvenir à la vie absolue, l'homme réalisera en lui, dans un ordre chronologique, ce qui en Dieu s'est fait dans un ordre logique indivisible. La loi de formation de l'être humain est inévitablement calquée sur le principe de l'engendrement divin.

Or, c'est dans la Société, loi de cette vie, que l'humanité se constitue sur le plan même de la divinité.

II.

Page 24. — Tout être ne peut prendre sa forme définitive sans une dissolution de sa forme antérieure....

« Le grain ne porte l'épi qu'il ne meure dans la terre, » dit l'Evangile. La mort, n'étant que la dissolution du mal, s'arrête avec lui. Comme le feu, elle disparaît avec son aliment. La mort périt dans sa propre victoire : *absorpta est mors in victoriâ*, dit S. Paul. — *Seminatur in corruptione, surgit in gloriâ*.

Les Pères ont appelé l'homme *la plante mystique de la résurrection*.

III.

Page 43. — La douleur conduit plus avant dans l'être ; c'est pourquoi elle mène aux grandes choses....

Tous les grands esprits, même dans l'antiquité, ont laissé un mot de prédilection pour la douleur.

« Les biens qui viennent de la prospérité se font souhaiter, ceux qui viennent de l'adversité se font admirer, disait Sénèque. »

« Il n'y a pas moins de grandeur à souffrir de grands maux qu'à faire de grandes choses, remarquait Tite-Live. »

« C'est un grand malheur que de n'avoir pas éprouvé de peines, observait Cicéron. »

« Le bonheur fait des monstres et l'adversité fait des hommes, dit le proverbe de la Sagesse. »

« La fournaise éprouve et rend ferme le vase du potier, et la douleur l'âme du juste, selon l'Ecriture. »

« Il n'y a d'arbres forts et solides que ceux qui sont battus des vents, comme s'exprime Montesquieu. »

Connais-toi, disait la philosophie ; rentre en toi, répète aussi la morale. Qui sut mieux que la douleur nous frayer ce précieux chemin en nous-même !

IV.

Page 47. — Il n'y a rien de bon au monde comme les saints et les vieux soldats....

C'est à dessein que je vois le soldat suivre la même ligne d'éducation que le saint. La civilisation a commencé par la Guerre, elle finira par la Sainteté. L'une entreprend et l'autre achève l'école du sacrifice. Toutes deux firent naître en l'homme la soif sacrée de la mort. La première, de la vivacité du sang ; et la seconde, de la profondeur de l'âme. La guerre fait un saint du premier homme ; la sainteté, un héros de l'homme définitif.

« Un phénomène bien remarquable, observe naïvement de Maistre, c'est que le métier de la guerre, comme on pourrait le croire, ne tend jamais à dégrader ou à rendre féroce celui qui l'exerce, il tend à le perfectionner. L'homme le plus honnête est ordinairement un militaire honnête. Dans le commerce de la vie, les militaires sont plus aimables, plus faciles et plus obligeants que les autres hommes. La vertu, la piété, loin d'affaiblir le guerrier, l'exaltent. Le spectacle du carnage, phénomène étrange ! ne l'a point endurci. Au milieu du sang qu'il fait couler, il est humain, comme l'épouse est chaste dans les transports de l'amour. Toutes les nations ont été d'accord sur la prééminence de l'état militaire. Enfin le soldat est si noble qu'il anoblit même ce qu'il y a de plus ignoble : il exerce les fonctions de l'exécuteur sans s'avilir, pourvu qu'il exécute ses pareils, et ne se serve que de ses armes. »

Chez les nations, la noblesse est née des armes. « Lycurgue prit des Egyptiens son idée de séparer les gens de guerre du reste des citoyens, marchands, artisans, et gens de métier ; au moyen de quoi il établit une chose publique véritablement noble et gentille (Plutarq. in Lyc., trad. d'Amyot). » Parmi nous encore, une famille qui n'a jamais porté les armes, quelque mérite qu'elle ait acquis dans les plus honorables fonctions civiles, ne sera jamais véritablement noble et gentille. Toujours il lui manquera quelque chose. »

Le guerrier a laissé sa noblesse à la terre ; le saint l'a portée dans le Ciel. Cependant les saints ont un tel lignage que tous les chrétiens prennent leur nom en venant à la vie !

V.

Page 60. — Pourquoi Dieu a-t-il permis la guerre aussi longtemps par-

mi les hommes ? Humanité pourquoi admires-tu les hommes qui savent mourir....

La gloire explique tout. « Mais, a dit l'auteur du *Pape*, je demande précisément d'expliquer cette gloire! Et ceci n'est pas aisé. Expliquez-moi pourquoi ce qu'il y a de plus honorable, au jugement de tout le genre humain, est le droit de répandre innocemment le sang innocent? N'y a-t-il pas quelque chose d'inexplicable dans le prix extraordinaire que les hommes ont toujours attaché à la gloire militaire ; d'autant que si nous écoutions le raisonnement nous serions conduit à l'idée opposée. Il faut que les fonctions de la guerre tiennent à une grande loi du monde spirituel! Croyez que ce n'est pas sans une profonde raison que toutes les nations de l'univers se sont accordées à voir dans ce fléau quelque chose de plus particulièrement divin que dans les autres. La guerre est divine en elle-même, puisqu'elle est une loi du monde! » (S. de St.-P., 7e entr.).

La guerre est divine parce qu'ouvrant carrière au sacrifice, elle forme les âmes pour Dieu.

« Si Dieu, dit Mahomet, ne levait pas nation contre nation, la terre serait entièrement corrompue. »

« Il ne faut point, dit Euripide, faisant prendre la parole à Apollon dans la tragédie d'Oreste, s'en prendre à Hélène de la guerre de Troie. La beauté de cette femme ne fut que le moyen dont les dieux se servirent pour allumer la guerre entre deux peuples, et faire couler le sang qui devait purifier la terre, alors souillée par le débordement de tous les crimes. »

VI.

Page 100. — Pour gagner sa vie, l'homme est obligé de sacrifier de sa vie....

Quand l'homme meurt, c'est tout dit : c'est preuve qu'il tenait plus à la vérité qu'à la vie. Il faut en prendre le breuvage d'un seul coup ou peu à peu. La vie est juste dans la mesure de l'épreuve de l'âme. Sa dose est calculée sur les besoins de la liberté.

Précipitamment ou goutte à goutte, il faut que la coupe se vide : pour qu'à mesure elle se remplisse de la personnalité. Des hommes vivent peu à la fois, mais longtemps ; d'autres vivent beaucoup, mais peu de temps. « Ma vie, dit lord Byron, ne se compte pas par les années. »

Connaissez toute la bonté de Dieu, en voyant, dans l'excès du tourment, la limite prochaine qu'il a mise à la vie, pour qu'elle soit celle de la douleur ! La douleur ne dépasse pas la quantité de la vie.

Or, la mesure de la vie donne celle de la liberté, et la liberté de notre âme est sa grandeur dans l'infini.

VII.

Page 102. — La grâce vient de Dieu ; mais le travail c'est nous-même....

La grâce fournit la partie impersonnelle, le travail forme la partie personnelle. C'est lui qui coopère. Il produit l'acte. Certes, le travail fait bien l'homme, mais l'homme doit être divin... L'homme de lui-même, c'est l'orgueil ; il faut que la grâce s'entende avec la douleur pour effacer l'égoïsme à mesure que le moi s'élève. Loin de l'activité libre, la grâce ne trouve aucune tige pour verdir ; et loin de la grâce, la volonté née d'elle-même est comme une tige où le vert reste peu de temps.

Mais je montre ici la grande vertu du travail, comme précédemment nous avons vu l'incomparable effet de la grâce.

VIII.

Page 105. — Toutes ces faibles créatures ont si peu de sensibilité, qu'il a

fallu la vive flamme de la faim pour les tenir éveillées à l'être....

La faim suffit à peine pour tirer le sauvage de sa léthargie. Incapable de vouloir la liberté, de vouloir la vie morale, de vouloir même la vie animale au prix de l'effort, le sauvage, sans la faim, se laisserait aller à la mort. Il en est de même de l'enfant. On peut faire beaucoup de théories psychologiques sur l'homme de cabinet, mais Dieu songe au genre humain !

On croit que l'homme naît libre, il ne naît que pour le devenir. Ce fut l'erreur du siècle dernier. Une vue profonde de l'âme nous conduit aujourd'hui plus loin.

L'homme ne serait point libre s'il recevait la liberté ; elle est un don de son âme. L'homme est libre en puissance, avant de l'être en réalité. Historiquement et psychologiquement le fait se passe de même. Par exemple, a-t-il trouvé toutes faites, dans la Société, la liberté civile, la liberté politique et la liberté économique ? N'est-ce pas à ses efforts et à ses progrès sur lui-même qu'il doit de les avoir péniblement instituées autour de lui ? Non plus, l'homme ne trouva point, toute faite en lui, sa liberté morale. La liberté, c'est la faculté du mérite : si elle était donnée, où serait-il ? L'homme n'est créé qu'en puissance.

Au mot fameux de Rousseau, notre siècle répondra par un fait : L'homme naît partout dans les fers, afin de devenir libre !

IX.

Page 142. — Dispensant la douleur avec art, le travail sait fonder, pour les différents états des âmes, les différentes situations de la vie....

On n'a donc pas vu la construction de ce monde, que personne n'en est frappé d'admiration ! Comment se fait-il, par exemple, qu'il y ait des biens pour donner lieu précisément à l'avarice, à la luxure, à l'envie, à la gourmandise, à l'orgueil, à la colère, à la paresse ? Par quel prodige, les choses se trouvent-elles justement divisées suivant les éléments de notre âme ?

L'âme arrive en ce monde avec toutes ses épreuves : elle a besoin d'y rencontrer pour chacune l'objet qui l'exercera. L'égoïsme a plusieurs degrés, depuis l'orgueil jusqu'à la paresse ; et plusieurs caractères, suivant la manière dont il se prend à s'aimer. Ne faut-il pas que sur chacun de ces degrés notre être ait été éprouvé ! Ce monde porte les dix doigts pour toucher tout le clavier de notre âme...

Voilà pourquoi les péchés sont si énormes ; ils dénotent un arrêt dans le cœur. Chacun d'eux est une épreuve prévue ; car l'âme s'arrête au point où elle commence à s'aimer. Or, c'est en vue de ce point que sa position lui est donnée dans la vie. Pour prendre vol dans l'infini, il faut bien que l'anneau par où s'est attaché l'égoïsme soit brisé ! Au commencement, toute substance pure et conductrice de l'amour s'est élevée : voilà pourquoi Dieu est, et infini.

Ce monde est fait pour les âmes. La liberté les a rendues si diverses ! Aussi le travail ne s'adresse pas seulement à l'humanité en général, il s'applique à chaque individu en particulier.

X.

Page 117. — Le propre des êtres libres est de ne point se ressembler. Dieu a rendu la vie accessible à toutes les âmes ; l'égalité ne se fut mise qu'à la portée d'une seule....

Quand nous demandons l'égalité, Enfants de la génération nouvelle, nous demandons que toutes les âmes soient mises sur le même pied dans l'ordre civil, dans l'ordre politique et dans l'ordre économique.

L'apprentissage et l'éducation doivent établir au moins le niveau du point de départ !

Mais espérer que toutes les âmes soient égales, serait croire qu'on peut trouver un moyen d'étouffer la liberté. Qui empêchera aux hommes vertueux et de génie, aux hommes de bien et de travail de s'élever au-dessus de la multitude des âmes indifférentes?

Cette inégalité terrible s'accroît encore par l'effet des générations. C'est une conséquence de notre forte liberté, qui fixe à jamais le mérite aux âmes qui l'ont obtenu. Inviolables comme ses fruits, les biens que les générations ont acquis s'incorporent aux familles, comme leur mérite extérieur.

L'âme élevée produit une postérité analogue. Car toute vertu reparaît à chaque printemps sur sa tige ; tout vice attend qu'une liberté l'ait réduit. Les hommes transmettent et leur fortune et leur sang. De là, les uns naissent riches, les autres pauvres ; les uns doués, les autres ineptes. L'état dans lequel tout homme naît ne démontre que trop sa vraie généalogie.

Nos temps ont prononcé trois mots : Liberté, Egalité, Fraternité ! Faisons qu'ils sortent de nos cœurs, pour que la loi les puisse unir dans le droit. Car la liberté tue précisément toute égalité sur la terre ; et la fraternité, c'est-à-dire la Charité, loin d'être une confirmation aux autres, vient pour y remédier...

Nota. Par une coïncidence singulière, ce Traité de

la Douleur, ainsi que les notes (alors mises au bas du texte), parut imprimé dans la *Revue du Lyonnais*, le 31 janvier 1848, précisément 24 jours avant celui où ces lois de liberté, d'égalité et de fraternité dont je parle, allaient éclater politiquement ; 24 jours avant celui où devait commencer la Révolution que j'exprimais par ces mots dans une note qui va suivre : *Il reste à reconnaître l'égalité de l'homme devant la loi économique.*

Le Traité de la Douleur, rédigé dans l'année précédente, appartient à la seconde partie du Livre *De l'Unité spirituelle*, ou *De la Société et de son but au delà du temps*. Le terrible à-propos qui le rattache aux temps dans lesquels nous entrons, me l'a fait détacher du reste du gros ouvrage, pour le publier à part. Puisse-t-il venir en aide aux âmes ! La préface qui le précède fut faite après les événements. J'ai attendu quelques jours pour que ceux-ci la vinssent mieux faire comprendre...

La seconde partie du Livre, dont ce Traité est extrait, ne peut paraître imprimée que plus tard.

XI.

Page 120. — Et il n'est pas jusqu'à la triste phalange des hommes que

notre propre loi condamne *aux travaux forcés*....

Ici, pour tirer la volonté d'elle-même, on vient donc ajouter la force. Le dernier levier est en œuvre ! Il est resté parmi nous des hommes qui ne sont point encore abordables à l'amour ; ils rentrent sous l'ancienne loi : *Dent pour dent*. Ils maintiennent pour eux le premier traitement ; ce triste traitement de l'esclave, qu'exigea l'humanité pendant ses quatre premiers mille ans... O liberté, que tu es glorieuse dans tes fins ; mais que tes commencements sont pénibles ! Dieu seul avait le commencement et la fin... il t'a donné tout ce qu'il pouvait te donner, ô substance relative !

Quelle que soit la détresse d'une liberté, qu'elle suive ces paroles, non plus de moi si ému et si faible, mais de saint Paul :

« Avez-vous oublié cette consolation de la souffrance, qui s'adresse à vous comme aux enfants de Dieu ?

« Car le Seigneur châtie celui qu'il aime, et il frappe de verges tous ceux qu'il *reçoit* parmi ses enfants.

« Et si vous n'êtes point châtiés, quand tous les autres l'ont été, vous êtes donc des enfants illégitimes, et non des vrais enfants.

« Car les pères de notre corps nous châtiaient

comme il leur plaisait pour cette vie qui dure peu ; mais Dieu, qui est le père des esprits, nous châtie pour notre bien, afin de nous rendre participant de sa sainteté.

Epître de S. Paul aux Hébreux, Chap. XII ; v. 5, 6, 7, 8.

XII.

Page 121. — Les âmes tombent d'elles-mêmes à leur place ; au besoin elles savent y venir....

Principe vrai dans la mesure de celui qui sait voir. La hiérarchie sociale est bien peu aux yeux de Dieu ; elle n'est appropriée qu'au temps. D'ailleurs ce qui paraît bas est souvent très-élevé pour notre âme ; ce qui semble élevé peut quelquefois ne l'être pas. L'important est que chaque position renferme les conditions nécessaires à la nature d'une âme.

Non que les âmes aient plusieurs natures ; mais elles ont plusieurs états, suivant le degré où elles se sont mises. L'âme du sauvage et celle du saint, l'âme du méchant et celle du bon sont de la même nature ; seulement elles ne sont point égales en leur état. Les âmes naissent égales en mérite ; puisque l'homme ne naît pas tout fait, mais dans son germe qui est la causalité. Puis, à mesure qu'ils entrent dans la vie, les hommes sont ce qu'ils se font.

En outre, et j'en arrive là, les âmes se trouvent inégales en leur état par la race qu'elles revêtent dans chaque famille qui les introduit au monde. L'état cérébral, état obtenu au reste par les libertés antérieures de ceux auxquels la solidarité nous rattache, est une occasion d'aptitude ou d'obstacle. Les familles transmettent rigoureusement le degré acquis des libertés qui nous précèdent ; il s'agit de le continuer. La physiologie est le vase précieux de notre âme ; elle fait que la civilisation, au lieu de se perdre à chaque génération, se ramasse, et que l'humanité s'accumule.

Le progrès ne s'appuie que sur cette solidarité.

Quoiqu'il en soit de cette diversité sur la terre, le mérite ne se prend que du point du départ. En cela toutes les âmes sont égales. L'homme est bien apte à être libre ; mais ne l'est pas à faire commencer sa liberté à un point plutôt qu'à un autre : pas plus qu'il ne l'est de naître en un temps plutôt qu'en un autre ! S. Paul a dit que chacun de nous ne sera jugé que sur la loi qu'il a reçue. Cette inégalité, qui naît de la liberté, ne touche en rien au mérite absolu. Dieu ne considère pas le point où l'on est arrivé, mais celui d'où l'on est parti. C'est la Réversibilité qui nous élève ensuite au sommet, par le mérite des saints. Cette grande loi accomplit le retour de la Solidarité....

Je ne puis en traiter que dans un ouvrage ultérieur.

XIII.

Page 122. — L'ordre économique est bien plus exactement encore l'ordre psychologique du monde....

On parle de Révolution économique, c'est une très-heureuse marque ! c'est la preuve que beaucoup d'âmes se sont élevées, et que dans l'échelle de la vie elles attendent encore leur place. Mais il ne faut pas se tromper sur la nature de cette révolution. Toute la difficulté n'est pas d'approcher les biens de certaines âmes ; mais, de les leur faire conserver. On ne possède que ce que l'on a créé une fois et que l'on a économisé mille. Il n'y a de propriété qu'assise sur la vertu. On ne peut la garantir à nul homme ; des âmes tombant dans la paresse ou dans le vice, les personnes et les biens tomberont. Mais le mouvement économique qui doit éclater bientôt, découvrant combien le christianisme a fait de progrès secrets, prouve qu'une nouvelle multitude d'hommes est apte à la propriété.

La Révolution française ne fut que l'égalité de l'homme devant Dieu passant devant la loi civile. Une révolution plus complète nous attend. Il s'agit de reconnaître l'égalité de l'homme devant la loi économique. Elle existe jusqu'à un certain point dans le fait, comme le prouve la triste loi de concurrence ; elle n'existe pas régularisée dans le droit, comme l'accomplira l'heureuse loi d'association. Toutefois cette égalité, reconnue dans le principe, établie dans le moyen, fera toujours défaut dans le but...

Il se fera une Révolution économique, il ne se fera pas de révolution dans le travail. Il restera pour levier au genre humain. Non, certes, que le travail doive subsister toujours à pareille dose ; mais il ne diminuera sur la terre qu'en proportion de la liberté faite. Il faut qu'il continue d'enfanter la volonté dans les âmes. L'homme qui brise les fers que l'orgueil lui mit aux pieds, et qui fuit victorieux l'étroite enceinte du corps, seul entrera dans le champ libre de l'esprit.

La société changera, c'est-à-dire que le nombre de ceux qui formaient la plus grosse classe diminuera, parce qu'ils passeront dans une autre ; mais la loi sur laquelle la société se transforme ne changera pas. Il se fera cette magnifique révolution, que les classes inférieures au lieu d'être le plus nombreuses, le deviendront de moins en moins dans la magnifique progression de l'échelonnement des âmes. L'ordre économique n'est que l'établissement de tous les cercles d'épreuves. Il sera toujours une hiérarchie de libertés : mais que réglera la justice, qu'adoucira la charité.

Nous verrons toutes ces questions au Livre qui en fera son sujet.

XIV.

Page 126. — Je le répète, les positions de la vie sont les positions des âmes....

Les âmes sont donc différentes ?

Les âmes ne sont pas différentes en naissant : elles ne sont pas ! Leurs facultés, toutes en puissance, se forment par la vie. L'âme ne naît que comme un point, *punctum potestativum*. Mais elle entre, par la race, dans un canal que l'humanité depuis six mille ans lui creuse, et elle revêt aussitôt la Nature au point où ses auteurs l'ont laissée. La solidarité nous retient tous par la racine !

Dans la race, fruit de la liberté, et dans son rejeton, la famille, le développement acquis jusque-là par les âmes donne aussitôt, dans les organes livrés, le point de départ aux âmes qui se présentent. Elles reçoivent ainsi en naissant ce que l'on a appelé les dispositions naturelles. C'est cette loi qui fait que nos enfants ne sont point comme les enfants des sauvages. Les familles se transmettent les biens du sang plus invariablement que ceux qu'elles déposent sur le monde extérieur !

La liberté, qui est le rejeton personnel, ne peut se détacher de la solidarité, qui est la tige impersonnelle, la tige de l'humanité. Or la solidarité est contenue et fixée par le fait de la race. La solidarité n'est, au reste, que la somme donnée par les libertés au total. La liberté transmet séculairement son caractère à tout ce qu'elle a une fois acquis. La liberté est inviolable : c'est pourquoi elle crée la race ! Par le fait de la race, elle pose en quelque sorte, à chaque génération, son cran pour ne pas redescendre.

Ce fait résulte de la loi d'obéissance des organes à la volonté.

« N'y a-t-il pas toute apparence, disait Socrate de « son temps, que les meilleures natures se trouvent « dans les hommes d'une grande naissance (1er Alcibiade, trad. de M. Cous., pag. 77) ! » Ce mot *naissance* contre lequel la liberté personnelle se révolte, et a droit de se révolter, n'exprime que le fait même de la race ; et le mot race, que le fait même de notre solidarité. C'est-à-dire, de la liberté acquise.

La solidarité est la substance même du progrès.

S'il n'existait pas une solidarité interne, celle que nous voulons au dehors serait un mot. S'il n'existait pas une parenté dans les familles, le mot qui en parle ne dirait rien. Une longue suite de libertés dans le bien, s'est préparée au milieu du corps un instrument bien supérieur à celui qu'a laissé une longue suite de libertés dans le mal. Là se trouve également la fraternité dans la nation. La naissance n'est que le fait révélateur des ancêtres.

Voilà pourquoi nous tenons à nos pères par un lien aussi sacré !

Voilà pourquoi la famille jette sur chacun un manteau de gloire ou de honte, qui s'attache à nos os comme celui de Déjanire !

Voilà pourquoi tout homme REÇOIT son nom ! Ah ! le nom que donne la famille, le nom que donne la nation sont un fait dominateur de la liberté, un fait que l'homme ne peut pas plus répudier que le sang dont elles arrosent son visage !

Les âmes apporteraient-elles aussi les dispositions spirituelles acquises par la race ? je ne le sais...

Ainsi, les âmes naissent toutes égales en leur nature, mais inégales en leur état ; toutes égales en mérite, mais inégales dans le degré qu'elles occupent. Et la liberté, qui rompt leur égalité dans la marche, reste en même temps leur pouvoir de toutes les y ramener au but. Le nœud est là.

Le fait de la grâce vient précisément relever les libertés affaiblies et les ramener à leur niveau. Mais pour produire aujourd'hui tout son effet, il n'est pas suffisamment accepté dans les âmes La liberté y exerce encore un empire trop exclusif. La hiérarchie se manifestera forcément sur la société, tant qu'elle existera intérieurement en nous. Le christianisme nous mènerait à l'égalité réelle, jamais les lois.

L'esclavage sera toujours le fruit de la liberté pure. La grâce seule nous retirera complètement de l'Antiquité.

Quelques-uns l'ont regretté. On a dit que l'antiquité était fertile en grands caractères : on a pensé que les sociétés modernes, démocratisées par la grâce, effaceront les hommes sous un même niveau. C'est là une vue d'érudit. Le premier homme s'éleva en grandeur humaine ; le second s'avance en profondeur en Dieu....

XV.

Page 131. — Les femmes qui s'éloignent de l'innocence rentrent dans la destinée de l'homme, la responsabilité augmente aussitôt pour elles...

Il ne faut jamais accuser les femmes sur ce qu'elles sont. Par l'étendue de leur cœur, elles restent si impressionnables, qu'on les trouve constamment telles que les idées et le monde dans lequel on les a tenues les ont faites. Les exemples ont surtout leur empire sur le cœur !

D'une nature beaucoup plus impersonnelle, à cause de l'amour dont l'élément domine en elles, les femmes se caractérisent rarement d'elles-mêmes, et jamais les premières. Elles attendent que l'homme leur communique une individualité; comme il attend d'elles ce sentiment inépuisable qu'il ne trouve point en lui.

Ce caractère d'impersonnalité, qui les rend plus aisément divines, se manifeste jusque sur leur beauté, qui en s'élevant devient idéale ; tandis que celle de l'homme, dans ce cas, paraît individualisée et puissante. Ce caractère d'impersonnalité, qui les rend plus naturellement sages, se manifeste jusque sur leur esprit, qui se maintient plus aisément que le nôtre dans l'équilibre du bon sens.

Enfin ce caractère impersonnel, qui empreint plus naturellement leur personne de grâces, les a rendues l'objet d'un culte chez toutes les âmes élevées. L'homme se comporte toujours avec les femmes comme avec sa conscience... Jugez un siècle d'après son jugement sur les femmes ; et les classes de la société, d'après leur conduite avec elles.

Madame de Staël disait : « De nos jours, où le mal universel est l'égoïsme, on ne saurait nier que les femmes ne vaillent, en général, mieux que les hommes. » Si les hommes ne leur livraient sans cesse un combat dans le sens des pauvretés de la terre, croissant comme la tige qu'on ne coupe plus, elles deviendraient de plus en plus comme des anges.

Ceux qui profitent de ce que ces doux esprits sont sur la terre pour les conduire avec eux dans le mal, gâtent le bien de Dieu ; ils se font cause d'un grand malheur.

XVI.

Page 140. — A ceux qui ne ressentiraient pas les nobles peines de l'honneur, Dieu envoie les peines vulgaires de la fortune...

Voyez toutes ces âmes, par exemple, auxquelles il faut absolument un gain. Leur égoïsme est très près ; elles ne feraient pas un effort pour autrui sans en attendre immédiatement salaire. Les professions qu'elles occupent sont, il est vrai, les moins honorées parmi les hommes. Ces âmes n'auraient jamais pu être placées dans celles où l'honneur fait la plus grande récompense. Quand par hasard elles y entrent, leurs concussions les mettent à découvert. Chacun tombe à la place de son âme ! Vous savez combien les hommes ont de la peine à se défendre d'un sentiment de considération pour les positions élevées. Toutes les exceptions produites de nos jours par la rapidité des gains, n'ont pu détruire ce sentiment.

XVII.

Page 141. — Toutes les vertus et tous les cœurs sont à leur place....

Chacun se plaint de la fortune. Les anciens lui donnaient une roue. Cette roue est mue par la plus profonde sagesse. Elle distribue attentivement chaque chose où il convient, faisant passer les biens comme les maux tantôt d'une famille à une autre, ou tantôt d'un peuple à un autre, toujours suivant un jugement que l'œil ne peut scruter.

Aussi, jamais toutes les prévisions de la prudence humaine n'ont pu fixer ou dévier cette roue, la seule des choses de ce monde qui paraisse marcher sans loi : parce qu'en effet les libertés n'en suivent pas. La Fortune marche d'un pas invisible ; sa voie est cachée comme celle qu'au fond se trace à chaque instant le cœur...

Tout cœur s'ignore lui-même, comment connaîtrait-il sa voie ? Sans les évènements qui nous barrent dans la vie, le saint lui-même ne saurait où il faut marcher. Quand les malheurs viennent frapper, nul ne sait s'ils sont un signe de vice ou une preuve de vertu... Laissez, laissez tourner la roue de la Fortune, rien ne se meut dans l'univers qui n'ait reçu son mouvement !

XVIII.

Page 145. — Mais c'est encore par le travail que tant d'âmes, à l'heure de la mort, se trouvent secrètement préparées à l'acte définitif de l'amour...

La pensée que j'exprime ainsi est théologiquement la principale qui ressort de cette ontologie de la douleur. J'essairai de la saisir de plus près :

Selon moi, c'est la douleur qui a sauvé l'antiquité. Et certes, il y a loin de la douleur à la pénitence : la distance de la loi imposée à la loi acceptée ! L'une est le breuvage des esclaves, l'autre, celui des cœurs libres. Néanmoins il y a dans toute douleur un commencement de soumission, qui accroît la volonté et prépare le cœur. La liberté répond toujours à un degré quelconque à la douleur par ce qu'on appelle la Résignation ; sans quoi il n'y aurait même pas moralement ce qu'on appelle la douleur. La douleur forma les âmes des esclaves durant le paganisme : elle les conduisit au terme de la patience.

La douleur est tout un christianisme intérieur pour la Gentilité.

Agissant sur la nature en l'absence de la grâce, elle

prépare l'âme à la porter. C'est ce qui explique pourquoi tant d'hommes dont la vie s'est écoulée en dehors du traitement du christianisme, se trouvent au moment de la mort tout à coup prêts pour l'amour! Généralement la douleur conduit le genre humain de l'état de nature au seuil de l'état de grâce. Dans la nature, elle fait l'HOMME; dans le chrétien, elle fait le SAINT.

XIX.

Page 164. — On doit prendre sur la terre un soin égal de la personnalité et de l'amour....

Il ne faut pas croire que la puissance et l'amour suivent deux lignes parallèles jusqu'à l'infini, sans se rencontrer. Elles y arrivent au contraire par un cercle dans lequel elles aboutissent l'une à l'autre. La plénitude de l'amour devient la puissance, et l'apogée de la puissance se change aussitôt en amour. On trouve même des traces de cette loi sur la terre, ou, comme on l'a pu remarquer, les fils tiennent avant tout de leur mère, de même que les filles ressemblent plus à leurs pères, de caractère et de tempérament.

Vous ne remarquerez pas sans attention que, dans le langage des Ecritures, langage si profondément ontologique et trempé dans la Sagesse, l'homme est plus particulièrement appelé : *le fils de la femme*; et les femmes de leur côté : *les filles des hommes*.

La puissance et l'amour sont de toute éternité unies; dans le temps seul est la division du travail. Le relatif n'est offert qu'à la faiblesse de l'homme. au fond il n'en était pas ainsi de ces deux éner. s de l'absolu, comment les Personnes divines eussent-elles trouvé dans leur trinité l'unité vivante de Dieu ? Les relations intrinsèques de la substance sont remplies des merveilles toutes divines de l'union.

XX.

Page 168. — Il est inutile à l'homme de saisir un bien de tout son cœur, tout son cœur d'un autre côté sera saisi par l'amertume....

La douleur ne quittera pas plus l'homme que son ombre : elle est le motif de sa vie. Qu'il tente de supprimer sa douleur, une douleur nouvelle et toute fraîche l'assaillera! Si l'homme réussit à recueillir son pain, la faim le prend par l'esprit; celle du bien, celle du vrai, celle du beau. Une seule de ces trois faims a fait mourir bien des hommes! S'il apaise la faim de l'esprit, il est pris par celle du cœur ;

celle de la gloire, celle de l'amour, celle du bonheur. Une seule de ces trois a fait mourir bien des hommes, comme poëtes, comme amants, ou comme saints! Et s'il cherche à échapper, par l'indifférence, à l'une de ces trois faims, alors s'ouvre pour lui l'inexprimable peine de vivre. Comme on l'a dit, vivre est un travail pour celui qui n'en a pas d'autre ; travail sans fond de l'ennui...

Qui laisse les rives paisibles du travail par les bras ignore par quels chemins conduit le travail par l'esprit! L'homme qui compte se délivrer de la faim limitée du corps, ne sut jamais la faim que l'infini tient en réserve dans le cœur...

Celui qui ne marche que par espoir se plaindra de mon discours ; mais celui qui prend sa croix et suit son âme, me le pardonnera.

XXI.

Page 181. — Une liberté essayée à ce titre peut être désormais pesée aux balances de l'absolu....

La liberté ! c'était là le grand point à veiller. Dieu ne peut se tromper lui-même... Ne remettant à l'homme qu'un simulacre de liberté, il ne lui reviendrait qu'un simulacre d'amour ! C'est la question même de la création.

XXII.

Page 183. — Songez que le mal est un fait ! C'est bien grave un fait : être entré dans l'ordre absolu....

Le poëte allemand met dans la bouche du diable cette parole, que celui-ci dit avec amertume : « Je suis une partie de cette force qui *veut toujours le mal*, et qui *fait toujours le bien*. »

XXIII.

Page 191. — Les intelligences célestes ont été en proie à un orgueil si complet que leur chûte a passé jusqu'à présent pour être irrémédiable...

« Dieu dès l'origine, dit Bossuet, et avant toute autre nature, en avait fait une qui devait être la plus belle et la plus parfaite de toutes : c'était la nature angélique. Et dans cette nature parfaite il s'était comme délecté à faire un ange plus excellent et plus parfait que tous les autres : sous Dieu l'univers ne devait rien avoir d'aussi beau ! Ange malheureux, qui êtes comparé à cause de vos lumières à l'étoile du matin, comment êtes-vous tombé du ciel, dit Isaïe (Is. XIV, 12) ! Bossuet, *Trait. de la Conc.*, ch. XXIV.

A cause de vos lumières ! quel sujet profond de méditation sur la manière dont l'homme vient en ce monde, et sur ses misères dans la vie ! Tout ce que j'ai dit au chapitre où j'ai parlé du Travail et de la faim me revient à l'esprit...

XXIV.

Page 196. — L'amour avait encore trop accordé ; il fallait que l'infini donnât moins, et l'homme davantage....

Après cette observation, qui sort des entrailles de la métaphysique, je vous engage à lire l'évangile de l'Octave du S. Sacr., où l'homme prend excuse de sa propre personnalité pour ne la pas donner à Dieu.

« Jésus leur dit cette parabole : Un homme fit un jour un grand festin, où il invita beaucoup de convives. L'heure venue, il envoya son serviteur dire aux conviés de venir parce que tout était prêt. Mais tous, comme de concert, commencerent à s'excuser. Le premier dit : J'ai acheté une maison de campagne, il faut que j'aille la voir. Un autre dit : J'ai acheté cinq paires de bœufs, et je vais les essayer. Un autre dit : Je me suis marié, et ainsi je ne puis y aller.

Alors le père de famille, tout en colère, dit : Allez promptement dans les places et dans les rues de la ville, et amenez ici les *pauvres*, les *estropiés*, les *aveugles*, les *boiteux*. Seigneur, dit le serviteur, j'ai fait ce que vous m'avez commandé. Le Maître dit : Allez dans les chemins, le long des haies, afin que ma maison se remplisse. Je vous déclare qu'*aucun de ceux que j'avais invités*, ne sera de mon souper. Or, une grande multitude suivit Jésus, et il lui dit : Si quelqu'un vient à moi et ne hait même sa propre vie, il ne peut être mon disciple. Car qui d'entre vous veut bâtir une tour, ne compte d'avance s'il ne peut l'achever? Quel est le roi qui, voulant combattre un ennemi qui vient à lui avec vingt mille hommes, n'examine pas auparavant s'il ne peut marcher avec dix mille. *Ainsi donc*, celui qui ne renonce pas à tout ce qu'il possède, ne peut être mon disciple. Le sel est bon ; mais s'il devient insipide, avec quoi salera-t-on? Que celui qui a des oreilles pour entendre entende. » S. Luc. chap. XIV.

L'*ainsi donc* de la conséquence ne saurait être compris de celui qui n'a pas l'oreille pour entendre que cette première partie de la tour est la personnalité, qu'il faut avoir l'amour pour l'achever ; que ce sel est la personnalité, qui donne le ton à l'amour. Si elle vient à se dissoudre, avec quoi composera-t-on? C'est immédiatement après que vient la parabole du pécheur et des quatre-vingt-dix-neuf justes.

XXV.

Page 196. — Dieu jugea le Déluge nécessaire : pour la troisième fois le relatif fut ramené plus près du néant....

Regardez comme, sous ses voiles si beaux, la Bible nous laisse des traces remarquables des choses primitives quand, arrivant au déluge, elle en montre le motif dans ces *Géants, issus des fils de Dieu*, qui peuplaient alors la terre ; de ces hommes, ajoute-t-elle, « redoutables et renommés dans les anciens jours (*Genèse*, chap. VI). »

Gigantes autem erant super terram (*Gen*. ch. VI, v. 4). Le mot hébreu *nephelim*, que les Septante et la Vulgate rendent par *Gigantes*, est traduit dans Aquila et dans Symmaque par *hommes violents*. C'est le sens suivi par Philon, Origène, Eusèbe. M. Jolibois constate aussi, avec dom Calmet, la coïncidence singulière du nom hébreu *nephelim* avec celui que les Grecs donnaient aux Centaures, race violente et redoutable : υἱοί νεφελων, enfants des Nuées. Dans tous les cas, on ne remarquera pas sans surprise l'étonnante étymologie du mot dont les Grecs nommérent les géants, en les qualifiant du nom d'*Enfants de la terre*, Γιγαντεσ de Γη Γάιοι !

« Nous trouvons la tradition d'une race ancienne de Géants établie chez tous les peuples, et s'appuyant sur les plus antiques monuments de leur histoire. Grecs, Egyptiens, Indiens rappellent dans leur mythologie l'existence de cette race qui, par son audace et ses violences, se serait rendue l'objet de la haine et des dieux et des hommes. Les peuples du Nord parlent de cette même race dans leur Edda, et la dépeignent sous des traits également odieux. Les Chinois (Hist. de la Ch., de Mailla), les Japonais (Hist du Jap., Kampfer) mentionnent dans leurs annales un peuple d'une taille gigantesque qui aurait habité leurs contrées dans les premiers âges. Les Mexicains et les Péruviens (Hist. du Per., de la Vega) nous dépeignent, dans leurs récits des temps primitifs, une race de géants ennemie de la divinité (Dissertation sur la tradition des géants) ! »

Les hommes primitifs, dominant encore la nature, forts comme les lions mêmes, firent passer dans le mal toute la vigueur de leur corps. *Toute chair avait corrompu sa voie.* Le cœur et la raison s'étant éteints, cette race dans la force et dans l'esprit fut devenue démoniaque.

« Dieu, comme le dit si magnifiquement l'Ecriture,
« se REPENTIT ; et, ému de douleur au dedans de
« lui-même, il dit : j'ôterai de la surface de la terre
« l'*homme que j'ai crée* (*Genèse*, chap. VI). »

De sorte qu'après le déluge les hommes furent

moins beaux, moins puissants par l'esprit, et appelés à une moins longue vie. « Mon esprit ne demeurera « plus dans l'homme, et ses jours ne seront plus que « de cent vingt ans (*Genèse*, id.). » La science, venant remplacer l'intuition, nous donne une idée juste du régime sous lequel l'homme a passé.

XXVI.

Page 200. — Le créé doit disparaître, il n'est qu'une première mise de fonds... La substance est d'elle-même....

Connaissant bien toute l'histoire de la création, la grande voix du Dogme a dit : « Le Père nous a *créés ;* le Fils nous a *rachetés* ; le Saint-Esprit nous a *sanctifiés !* »

Créés ! et voyez quels phénomènes ont lieu après !

Ah ! je vous parle comme je sens... mais que je serais malheureux si ma pensée faisait naître autre chose en vous qu'une profonde humilité ! En entrevoyant ces merveilles, mon esprit vient de goûter, avant que la mort lui en ait marqué le temps, la joie de l'Immense Bonté.

XXVII.

Page 201. — Le travail prépare ici-bas un être qui, plus sublime que l'ange, ne tombera plus de l'infini....

Il est de Foi tacite parmi les hommes que les élus une fois montés à Dieu n'en retomberont plus par une chûte ! Jamais un père de l'Eglise, ni aucun auteur, n'a songé à poser ce point en question. Cette indéfectibilité du juste est un fait bien grave ; il ramène jusqu'au fond de notre pensée, si on le rapproche de cette chûte des Archanges, qui étaient cependant les créatures les plus célestes et le plus rapprochées de Dieu !

« Quel est l'ange à qui Dieu ait jamais dit : Vous êtes mon fils !

« Et Dieu n'a point soumis aux anges le monde futur dont nous parlons.

« Il est dit dans un passage de l'Ecriture : Qu'est-ce donc que l'homme pour que vous vous souveniez de lui ! !

« Vous l'avez rendu, POUR UN TEMPS, *inférieur aux anges*, vous l'avez couronné de gloire et d'honneur. »

Epit. S. Paul aux Hébr., ch. I et II, v. 5, 6, 7.

XXVIII.

Page 208. — Dieu, au sein de la gloire, est en admiration devant ce que fait l'homme, au sein de la douleur....

« Si l'apôtre S. Paul, s'écrie Bossuet, a dit que le fidèle est un spectacle au monde, aux anges et aux hommes, nous pouvons ajouter qu'il est un spectacle à Dieu même. » — Fragm. du Serm. de BOSSUET *sur le bonheur du Ciel*, tom. III.

La personnalité n'a tant de prix aux yeux de Dieu que parce que l'homme l'a toute faite. Chaque homme a de lui-même une grande estime ; il a bien raison si c'est l'humilité qui lui fait lumière !

Pourquoi Dieu s'est-il imposé la surprenante consigne de ne pas entrer dans le temps ! Réfléchissez-vous que, depuis le jour de l'épreuve, il n'est plus apparu comme Dieu, de crainte de déflorer le mérite de la liberté, tout entier dans la Foi vive...

XXIX.

Page 211. — Tant que le monde subsiste, affirmez que le fleuve des

libertés verse encore dans l'infini plus de bien que de démérite....

Laissez-moi dire. Tant de gens aujourd'hui ont tourné l'humanité en dérision dans leur personne ; il faut absolument découvrir le pied pour montrer la hauteur de l'homme !

Les hommes de bien et de bon sens doivent s'en rapporter à Dieu de la création ; qu'ils calment les appréhensions que fait naître en eux la vue du mal. On se rappelle le verset de l'Evangile qui suit l'annonce de la fin des temps :

« Et si le Seigneur n'eût pas abrégé ces jours, personne n'aurait été sauvé : mais pour ses élus il a abrégé ces jours (S. S. Marc, ch. XXIII, v. 20). »

La liberté donnera donc tout ce qui est en sa puissance ! Quelques maux que vous soyez appelés à voir, restez certains que la liberté, soit par solidarité totale, soit par développement nouveau, continue la magnifique production qu'en attend Dieu. Aimer, aimer toujours les hommes, mais sans leur passer aucun tort ! Seulement, gémissez de ce qu'ils ne font pas plus de bien ; ils pourraient tant en faire avec une liberté si grande !

XXX.

Page 214. — Il ne fallait qu'un seul

acte de pleine et entière liberté pour fixer dans un être la responsabilité....

Comme les théologiens pensent que cela fut pour le premier homme, dont un seul acte devait décider du sort de la nature humaine. En ce seul acte, Adam a répondu pour sa race ; la solidarité était contenue dans son germe. Les théologiens présument tous que s'il n'y avait pas eu chûte de la part du premier homme, sa race en eût été préservée. Le relatif commençait : l'essai était là!

Un seul acte de pleine liberté détermine dans un être la responsabilité ; au besoin, le fait des anges le prouve. Leur destinée, pour se fixer, n'a point traversé la donnée successive ; le temps ne fut pas ouvert pour eux. Tous n'en furent pas moins aussitôt invariablement fixés dans la direction de leur être, comme le portent les Ecritures. Pourquoi devant nous la durée successive ? le temps, à l'homme ?

Le temps, c'est ce qui recommence toujours... Là est la question.

Ce point capital de différence entre la liberté de l'ange et la liberté de l'homme, me découvre une immense Loi, dont je tracerai la faible esquisse dans les lignes qui vont suivre celles du texte cité plus haut.

XXXI.

Page 219. — Unité et solidarité de l'être au fond, dont notre raison ne saura jamais comprendre le vrai mystère en ce monde....

Notre pensée nous perd dans la multiplicité. Longtemps on a vu les hommes avant de voir l'homme ; longtemps l'homme , avant de voir l'humanité...

Au fond, il n'y a que deux choses, l'infini et le créé. Tous deux sont un dans leur essence : il n'est qu'une essence infinie, il n'est qu'une essence finie. En dehors de l'absolu, l'être est en son unité et son identité, comme dans l'absolu lui-même.

Le créé est un de l'unité d'essence du relatif ; le relatif, de son même rapport avec l'absolu. Le relatif ne saurait être plus multiplié que sa source ; ne saurait être plus varié que l'être , dont toutes les conditions se rassemblent pour l'infini.

Cette unité de l'être est ce que nous appelons la Solidarité. La solidarité n'est que l'identité de nature.

De là , en nous , comme en Dieu , diversité de personnes, mais unité de substance. La liberté et la solidarité s'impliquent. L'une crée le mérite, et l'autre le répartit.

La réversibilité vient rétablir l'unité de vie au sein de la variété des organes produits dans la liberté. Et la liberté, après avoir spécialisé la vie en chacun, retrouve sa racine impersonnelle dans la solidarité.

La solidarité et la liberté sont les deux lois de l'absolu qui ont suivi l'être dans le temps, pour le constituer. Elles ont produit ces deux faces psychologiques de l'homme, le cœur et la volonté, l'amour et la personnalité, que je me suis empressé d'établir sur la première page de ce Livre.

Ne pouvant, comme les personnes Divines, s'élever à l'infini, les personnes humaines se sont multipliées dans leurs individualités ; mais n'ont pu perdre les attributs universels de leur essence. Les hommes restent solidaires, comme on l'est dans l'absolu pour le bonheur.

Chacune des trois Personnes prend part à toute la divinité ; elles se différencient seulement en ce que l'une n'est pas l'autre. Chacune de nos personnes est appelée à prendre part à toute l'humanité ; bien qu'elles doivent se différencier aussi en ce que l'une ne sera pas l'autre.

Cette participation de l'individualité aux biens de l'humanité entière est la Solidarité. Cette distinction qui spécialise l'individualité en nous est la liberté. La liberté ne peut pas plus détruire en nous la solidarité, que la personnalité ne détruit en l'une des trois personnes infinies sa part à la divinité.

La philosophie sortira de l'étude trop exclusive du moi. Il faut que la pensée métaphysique s'habitue maintenant à comprendre que la solidarité est une loi éternelle de notre essence aussi profonde que la liberté.

Le temps de l'analyse va finir. Ses fruits précieux sont recueillis, ses graves inconvénients cesseront. Les détails ne recevront désormais leur lumière que de la Loi d'ensemble... L'époque est achevée : des génies d'un ordre supérieur vont paraître...

XXXII.

Page 221. — Que savons-nous si une solidarité universelle n'existe pas entre toutes les créatures intelligentes répandues sur les globes...

Ai-je le droit d'affirmer une loi qui se présente pour la première fois à la pensée ? La recherche métaphysique de ce livre l'a aperçue ; mais comme la sainte pratique humaine découle de toute métaphysique, un sentiment de respect plus grand que moi m'empêche de faire un pas de plus...

Je citerai des passages de l'Écriture qui donnent à réfléchir. A quel fait se rapportent ces paroles de l'Apocalypse :

« Vidi angelum descendentem de cœlo, habentem

« clavem abyssi in manu sua. — Et apprehendit serpentem antiquum, qui est Satanas, et ligavit eum per annos mille. — Et misit eum in abyssum, et clausit super illum ut non seducat amplius gentes, donec consummentur mille anni. » Chap. XX, w. 1, 2, 3.

Afin qu'il ne séduisît plus les nations jusqu'à ce que les siècles fussent accomplis! De quelles nations s'agit-il? Celles de ce globe au contraire sont placées sous la séduction. Il est donc d'autres nations, qui pendant les mille ans ne seront plus tentées? Elles l'ont donc été? Pourquoi ne le sont-elles plus? Enfin, quelles peuvent être ces nations?

Au commencement, les habitants de toutes les sphères n'auraient-ils pas été créés avec une nature identique, et dans une même innocence? La grande tâche volontaire de la liberté n'aurait-elle pas été mise à la portée de tous? Dieu ne l'aurait-il pas successivement offerte à toutes ces races, jusqu'à ce que l'une d'elles, par l'effet de la solidarité, l'eût acceptée pour les autres? Cette tâche une fois acceptée par la race d'une sphère, ne suffit-il pas, pour conserver l'innocence aux autres, d'un obstacle placé entre elles et Satan? Satan ne séduirait donc plus ces nations jusqu'à ce que les mille ans soient accomplis, que la race cosmogonique ait achevé l'œuvre du temps?

Le pouvoir du bien et du mal aurait été offert à toutes ces races. Car c'est le mal qui pose sans cesse le mérite relatif du bien. Dieu communiquait extérieurement avec Adam. Le principe du bien étant représenté par Dieu, il a fallu que le principe du mal leur fût aussi extérieurement représenté. Dieu devait dire plus tard à l'homme chargé de la Responsabilité des mondes : *Dixi : vos dii estis* (Psaume 81, v. 6.)! Le Mal leur présenta donc sous un faux jour cette vérité : *Eritis sicut dii, scientes bonum et malum* (*Genèse*, cap. 11).

Et clausit super illum. L'arbre de la science du bien et du mal ne reste plus planté que pour l'homme.

XXXIII.

Page 224. — Voilà sans doute pourquoi le mystère de la Rédemption s'est accompli sur cette terre....

Que ce fait est mystérieux ! Voyez la question : la Rédemption n'a-t-elle eu lieu que sur la terre ; ou bien s'est-elle répétée sur tous les globes de la création ? Si la terre seule est tombée dans la chûte, comment en aurait-elle mérité plus de grâce ? Si le fait de la rédemption est allé se répéter sur tous les globes, à quoi ressemble la création ?... Néanmoins dans les âmes il reste ce sentiment, comme identique à la foi, à savoir que la Rédemption accomplie en ce monde est pour tous les globes de la création.

Comment cela serait-il sans une Solidarité entre tous? Enfin, pourquoi le fait aurait-il eu lieu chez nous?

L'homme serait le nœud de la création. Est-ce pour cela que la Genèse présente le soleil et les astres comme faits pour la terre, malgré la faible importance de celle-ci considérée au point de vue du volume?

Ce grand début de la Genèse est très-extraordinaire : « Au commencement, Dieu créa le ciel *et la terre.* » Il n'est pas dit d'une manière générale que Dieu créa tout ce qui est dans le ciel ; mais le ciel, et puis la terre ; comme si elle pouvait entrer en équilibre avec le reste!

Et c'est après que Dieu eût créé la terre qu'il créa *les étoiles et les deux grands corps lumineux*, afin dit la Bible « qu'ils luisent dans le ciel et qu'ils éclai-« rent la terre et qu'ils président à ses jours et à ses « nuits. »

Pourquoi le monde dans son aspect, car toutes les choses offrent le symbole de ce qu'elles sont, est-il constitué de manière que la loi de la petitesse grossit à nos yeux l'importance de la terre, très petite, tandis qu'elle efface le volume des astres, qui sont très-grands? Enfin, pourquoi semblent-ils à nos yeux tourner autour de la terre, prise pour centre, nous offrant en quelque sorte l'emblême du fait qui aurait lieu dans la création?

Pour avoir une idée du sentiment des peuples sur l'importance du rôle de la terre au milieu de la création, qu'on se rappelle la répugnance montrée par l'Église à la première apparition du système de Copernic! Portait-elle dans ses entrailles, comme le genre humain, le sentiment d'un déplacement de centre du monde moral, que semblait amener dans les idées ce déplacement inattendu de centre du monde physique? Ces faits sont graves.

XXXIV.

Page 235. — Et Dieu ayant conçu l'être cosmogonique, en lui les êtres se sont retirés dans leur essence....

En ce dernier chapitre, je n'ai pu m'empêcher de reprendre l'idée, selon le sentiment qui me l'a fait venir. Je rapporterai ici une pensée qu'exprime le Dante dans son chant du *Paradis*. Après, j'en citerai une de de Maistre.

« Dans le ciel de la paix se meut une essence, dont la vertu renferme l'être de tout ce que l'être lui-même contient.

« Le ciel suivant, qui a tant d'étoiles, distribue cette essence entre diverses substances, d'elles distinctes et en elles contenues.

« Les autres cieux disposent de diverses manières les distinctions qu'ils renferment, et les mènent vers les fins qui leur sont assignées. »

Le Paradis, chant IIe.

« La question des souffrances du juste en ce « monde conduit à celle de la *Réversibilité*, qui est « le grand mystère de l'univers, » disait de Maistre à une époque où cette question des souffrances tenait évidemment moins de place dans la préoccupation des esprits. « Je me suis arrêté sur le bord de cet « abîme, continue cet homme.... *La Réversibilité* « *expliquerait tout, si on pouvait l'expliquer* !!! Mais, « c'est un fait, c'est une croyance naturelle à « l'homme. Cette croyance jette le plus grand jour « sur les voies de la Providence dans le gouver- « nement du monde. »

DE MAISTRE. *S. de St-Pétersb.* 10e entr.

XXXV.

Page 236. — Foyer central, dans sa souffrance, grand réflecteur, par son amour, l'homme est le patriarche des mondes et l'universel Adam....

L'homme, la race, l'humanité, tous les esprits sont identiques; Dieu les envoie dans les mondes sans rompre leur solidarité. Les différentes sphères de l'espace indiquent les divisions de l'homme universel, cherchant à se constituer. Les uns travaillent, les autres adorent; par l'épée ou par la lyre ils marchent ensemble à l'infini. La RACE COSMOGONIQUE tient le champ de bataille, pendant que les races fortunées gardent les sanctuaires de paix : car si le blasphème ou l'oubli sortent du choc de la douleur et de la liberté ; de celles-ci, les hymnes d'amour, couvrant les sons de l'imparfait, s'exhaleront sans fin vers Dieu... De là, plusieurs demeures dans la maison du Père, de là plusieurs vertus sur la beauté des âmes, pour les munificentes variétés des Cieux...... L'homme essaiera une puissance au-delà de celle qui est en lui. En l'envoyant à la vie, Dieu lui offrit l'arbre du bien et du mal ; le prévenant que s'il veut en choisir le fruit, en échange de l'innocence, la nature aussitôt rebelle attaquera sa volonté, tandis que la douleur fidèle prendra les chemins de son cœur. Et l'homme ayant tout accepté, un Médiateur dès-lors promis est entré dans ses destinées, tenant la source toujours prête pour la grâce et l'immunité. De là j'ai vu la Rédemption dite contemporaine de l'épreuve, et regardée par le génie de Ballanche comme le même décret divin....... Dieu s'est immolé pour l'homme, et l'homme pour tout l'univers.

XXXVI.

Page 237. — Dans les traditions sacrées l'homme est appelé *Enosh*,

d'un mot qui signifie douleur....

« N'est-il pas extraordinaire que le nom générique de l'homme, en hébreu, signifie douleur? *Enosh*, homme, vient par sa racine du verbe *anash!* »

DE CHATEAUBRIAND, *Gén. du Christian.*, liv. III. Vérit. des Ecrit.

XXXVII.

Page 239. — Oui, je crois qu'un monde gravite dans l'espace pour toute âme qui paraît en cette vie, car le poids de douleur....

Chose très remarquable, un vieux sentiment populaire (se rattachant lui-même à une tradition si ancienne qu'il faut remonter tous les temps pour en retrouver l'origine), dit que chaque homme *a son étoile*! Il prétend aussi qu'à chaque étoile se rattache une destinée individuelle sur la terre...

Bien qu'entièrement voilé dans les consciences, ce sentiment du peuple est allé jusqu'à attribuer à ce qu'on a appelé *une étoile qui file*, le signe de la délivrance d'une âme, et son entrée au Ciel!

Les peuples de la terre ont porté si avant la mystérieuse croyance d'une liaison cosmogonique entre les astres et nos destinées individuelles, que les conquérants, de nos jours même, ont dans de graves circonstances parlé de *leur étoile*, comme s'ils invoquaient un fait connu, et sur lequel ils pensaient se remettre d'une part de leur responsabilité. Napoléon, cet esprit si décisif, a employé souvent ce mot, auquel il pensait bien que les hommes attachaient une espèce de valeur.

Mais un événement dont on sera frappé, comme je l'ai été moi-même, c'est que le Livre divin fait coïncider la fin du monde avec la fin de notre globe. Aux derniers jours de la terre, les étoiles tomberont, ou pour traduire le texte : « Les étoiles seront « tombantes, les *vertus du ciel* seront ébranlées.... « Alors le fils de l'homme assemblera ses élus depuis « *les extrémités du ciel* jusqu'à l'extrémité de la « terre... » (S. Mathieu, XXIV, 29. — S. Marc, XIII, 25. — S. Luc, XXI, 26).

Il faut croire que les livres saints contiennent l'argument de tous les mystères. Ils nous ont révélé ceux qui importent directement à notre conduite morale. Ceux qu'ils cèdent à la pensée métaphysique, viendront en apanage à l'esprit plus élevé de l'homme.

Le vrai, nous le connaissons ; c'est ce qui est utile ici au bien. Le beau, nous l'entrevoyons ; c'est le vrai des choses infinies.

FIN.

TABLE.

TROISIÈME PARTIE.

ERRATA.

Page	ligne			
29 :	10 :	étonnement,	LISEZ :	étonnamment.
57 .	14 :	de se sortir lui-même.	.	de sortir de lui-même.
65 .	19 :	posée.		posé.
108 .	4 :	vu.		vue.
168 ;	5 :	campagne.		compagne.
181 ;	6 :	avenir		à venir.
213 :	19 :	ilement		lement.
213 ;	20 :	nexplicable		inexplicable.
270 ;	4 :	unies.		unis.
270 .	19 :	l'assaillera		l'assaillira .
93 .	2 :	lire la phrase ponctuée comme il suit :		

Oui, laboure à la sueur de ton front... et la terre refusera de produire ! Tu viendras ramasser le seul épi qu'elle ait donné... et tu en feras à Dieu l'offrande ! Tout-à-coup il te ravit ses nouveaux nés... tu les lui tends d'un cœur doux et reconnaissant !

www.ingramcontent.com/pod-product-compliance
Ingram Content Group UK Ltd.
Pitfield, Milton Keynes, MK11 3LW, UK
UKHW012149240726
13966UKWH00001B/221

9 782012 825802